La ESCUELA *del* DOLOR

*Cuando el dolor no es el final
sino el principio de tu llamado*

LISNEY DE FONT

A menos que se indique lo contrario, las citas bíblicas son tomadas de la Santa Biblia, Nueva Versión Internacional®, NVI®, © 1999 por la Sociedad Bíblica Internacional. Usadas con permiso. Todos los derechos reservados. Las citas bíblicas marcadas (RVR1960) son tomadas de la versión Santa Biblia, Reina-Valera 1960 © 1960 Sociedades Bíblicas en América Latina; © renovado 1988 Sociedades Bíblicas Unidas. Usadas con permiso. Todos los derechos reservados.

LA ESCUELA DEL DOLOR
Cuando el dolor no es el final sino el principio de tu llamado
© 2025 por Lisney De Font

Paperback: 978-1-963920-40-6
Hardcover: 978-1-963920-41-3
Ebook: 978-1-963920-42-0

Publicado por Editorial Renacer

Diseño de portada y maquetación: Pablo Montenegro

IMPRESO EN COLOMBIA
Ninguna parte de este libro puede ser reproducida o transmitida de ninguna manera o por ningún medio, electrónico o mecánico —fotocopiado, grabado o por ningún sistema de almacenamiento y recuperación (o reproducción) de información— sin permiso por escrito de la casa editorial.

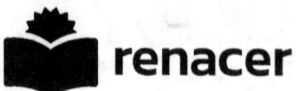

DEDICATORIA

Para: ....

De: ....

Fecha: ....

Notas: ....

AGRADECIMIENTOS

Todo lo que he podido lograr no ha sido por mis méritos o mis fuerzas. Lo que he alcanzado es por la obra del Espíritu Santo en mi vida, a quien le plugo llamarme y usarme como vaso para bendecir miles de vidas. No podría lograr nada sin Dios, sería imposible y no tendría respaldo. Cada frase de este libro lleva oración y dirección de su Santo Espíritu.

A mi amado esposo Juan: padre, amigo, fiel compañero de batalla, mi gran apoyo. A mis hijos Chris, Lesly y Liz quienes son parte de este llamado, la alegría del hogar y una parte importante del ministerio.

A cada hijo espiritual, hermano, amigo, y colaboradores ministeriales cuyos nombres llenan el libro de las memorias y que no puedo mencionar porque son muchos y no quiero olvidar a ninguno.

A nuestro pastor por ser cobertura, ejemplo para seguir y por alegrarse por cada una de nuestras victorias.

A todos los que obtengan este libro y que anhelan sanar, cambiar, y transformar vidas porque son de gran ayuda para correr la voz del Evangelio y alcanzar a los necesitados.

CARTA DE LA AUTORA

Querido lector:

Antes de que abras estas páginas quiero contarte algo: yo también he pasado por esta escuela.

He pasado por temporadas donde el dolor parecía no tener fin, donde las oraciones eran silenciosas porque ya no quedaban fuerzas ni palabras, y lo único que me sostenía era la certeza —aunque a veces frágil— de que Dios estaba conmigo, incluso cuando todo parecía gritar lo contrario.

Este libro no nació desde un escritorio, nació en un suelo frío, de rodillas, entre lágrimas, preguntas y la búsqueda desesperada por encontrar sentido, en medio del quebranto y con la dirección del Espíritu Santo para ayudarme a entender lo que muchas veces no se entiende.

La Escuela del Dolor no es un intento de romantizar el sufrimiento ni mucho menos de ofrecer fórmulas rápidas para salir de él. Es una conversación abierta desde las heridas, pero también desde la esperanza. Es mi forma de decirte: "No estás solo. Yo he caminado ese valle. Y más importante aun, Jesús lo caminó primero"; para que llegues a la transformación y liberación de áreas en tu vida.

Cristo es el gran experto en quebrantos. Isaías lo llama "varón de dolores, experimentado en quebranto" (Isaías 53:3). No lo estudió de lejos, lo vivió en carne propia. Fue traicionado, rechazado, golpeado, abandonado… y, sin embargo, nunca dejó de amar, nunca perdió su propósito y nunca soltó la mano del Padre. ¿Quién mejor que Él para enseñarnos cómo navegar en nuestro propio dolor?

A través de este libro exploramos cómo el sufrimiento nos forma, cómo expone nuestras motivaciones, cómo revela las heridas propias y también cómo puede convertirse en una plataforma para conocer a Dios de una manera que no hubiéramos imaginado desde la comodidad. Nos detendremos en historias de hombres y mujeres bíblicos reales y propios que también enfrentaron pérdidas, traiciones, enfermedades, abusos, crisis, dudas, y aun así, en medio de todo, fueron moldeados por las manos del Alfarero.

Mi anhelo es que mientras leas, sientas que el Espíritu Santo está contigo. Que estas palabras sean un susurro de consuelo, una chispa de revelación y una invitación a ver el dolor, pero no como un enemigo, sino como un maestro. Un maestro duro, sí. Pero uno que cuando nos rendimos ante el proceso, nos deja irreconocibles… en el mejor sentido. Nos deja más parecidos a Jesús, más maduros, más sensibles, más fuertes.

Escribo para demoler el mito del dolor inútil y mostrarte que hay un fruto más allá de las lágrimas. Aunque aun estoy en formación, puedo decir con todo mi corazón: Dios ha estado conmigo en cada etapa y si Él lo ha hecho conmigo, también lo hará contigo. Si este libro llegó a tus manos es porque hay algo que Dios quiere decirte. Oro para que el Espíritu Santo use cada línea para abrazarte, desafiarte y sanarte.

Con amor,

LISNEY DE FONT

CARTA DE LA AUTORA

"Volvería a vivir todo lo que sufrí, sabiendo que lo que Dios ha hecho en mí ha sido construido sobre el dolor de mi pasado."

"LA ESCUELA DEL DOLOR"

CONTENIDO

SECCIÓN 1
El lloró primero 15

PARTE 1
El dolor divino 17

PARTE 2
La escuela de Jesús 23

PARTE 3
Amar duele 33

PARTE 4
Dolor por causa ajena 45

PARTE 5
Paracletos 59

SECCIÓN 2
Las ruinas del alma 67

PARTE 1
El victimismo 69

PARTE 2
Narsicismo 81

PARTE 3
Daño Colateral 91

PARTE 4
Veneno para el alma 113

PARTE 5
Enamorados del brillo 125

PARTE 6
Un rey hecho pedazos 133

SECCIÓN 3
En las aulas del quebranto 147

PARTE 1
El dolor que forma 149

PARTE 2
El fruto del dolor 155

PARTE 3
El valle de sombra de muerte 165

PARTE 4
El grito que silenció la sentencia 173

PARTE 5
El libro de las lágrimas 181

SECCIÓN 4
La gloria después de las llagas 207

PARTE 1
Mi escuela 209

PARTE 2
La máscara del dolor 227

PARTE 3
El dolor de un ministro 237

PARTE 4
La gloria del dolor 251

Epílogo 257

INTRODUCCIÓN

El dolor no pide permiso. No toca la puerta ni agenda una cita. Llega sin previo aviso y se sienta en la sala de nuestra alma con una intención clara: confrontar todo lo que somos, todo lo que creemos y todo lo que aun no ha sido sanado.

Hay escuelas donde se aprenden oficios, otras donde se cultivan talentos. Pero existe una escuela que no se elige, sino que se transita. Esa es la escuela que ninguna alma desea, pero toda alma necesita: La Escuela del Dolor. No hay diplomas para colgar en la pared, pero sí cicatrices que se convierten en credenciales del cielo. Aquí no se gradúan los fuertes, sino los rendidos. No se premia la perfección, sino la perseverancia. Y no se sobrevive por mérito, sino por gracia.

Esta escuela tiene un Maestro: El Espíritu Santo. No enseña desde la distancia de su gloria, sino desde la cercanía de su Presencia. Nadie ha vivido un dolor más profundo, más injusto ni más transformador que el de Jesús quien no solo cargó una cruz, sino que también cargó el peso de todos nuestros dolores. Fue traicionado por los suyos, desfigurado por los golpes, ignorado por los hombres y por un momento, hasta el cielo guardó silencio. Aun así, dijo: "Padre, perdónalos". Nadie ha enseñado mejor cómo amar en medio del sufrimiento, cómo obedecer en medio del fuego, cómo vencer desde la herida.

En estas páginas nos sentaremos a los pies de ese Maestro; no como académicos, sino como discípulos quebrantados. Examinaremos la vida de aquellos que pasaron por esta escuela antes que nosotros: David, con el dolor de ver a su propio hijo rebelarse; Job, destrozado en cuerpo y alma; José, traicionado y vendido por su propia sangre; Jesús, en Getsemaní, sangrando en oración antes de sangrar en la cruz. Veremos el victimismo espiritual disfrazado de humildad, el narcisismo que se esconde tras máscaras de servicio y el daño colateral de nuestras decisiones sobre quienes amamos.

Pero no nos quedaremos allí.

Este libro va más allá del diagnóstico. Aquí exploramos el proceso, el propósito y la promesa del dolor en manos del Espíritu Santo. Usamos herramientas como la exégesis bíblica, la hermenéutica cultural, la epígnosis revelada por el Espíritu y nos sumergimos en las palabras originales en hebreo, griego y arameo. Desentrañamos lo profundo de conceptos como mach'óv (בוֹאֲכֶם – dolor en hebreo), y lo entrelazamos con la gematría, la cultura del tiempo y la perspectiva del Reino.

No escribimos para entretener, sino para confrontar. No escribimos para pasar la página, sino para que cada una nos atraviese. Este no es un libro para leer rápido. Es un manual de autoexamen para detenerse y mirar las áreas que no queremos que otros vean y que aun a nosotros mismos nos da miedo mirar. Es una invitación a llorar, a gritar, a sanar, a comprender… y finalmente, a adorar desde el quebranto.

Prepárate para ser transformado.

SECCIÓN 1

EL LLORÓ PRIMERO

En el dolor del Padre, en las lágrimas del Hijo y en el gemido del Espíritu...

PARTE 1

EL DOLOR DIVINO

Antes de que el primer ser humano soltara una lágrima Dios ya conocía el dolor. Antes de que sintiéramos traición, soledad o rechazo… El Padre, el Hijo y el Espíritu Santo ya conocían ese lenguaje. El dolor no es ajeno al cielo como muchos piensan basándose en el concepto de que el llanto es debilidad.

El dolor divino es la evidencia más íntima de un amor perfecto. Aunque no podemos decir que el Padre llorara, no hay registro bíblico de que derrama lágrimas, pero sí evidencia de un dolor profundo.

En lugar de centrarnos en el dolor que hayamos podido experimentar, deberíamos hacer una reverencia al misterio de un Dios que siente dolor. Del Cielo se manifiesta la mayor revelación de la compasión.

"Y se arrepintió Jehová de haber hecho hombre en la tierra, y le dolió en su corazón."

GÉNESIS 6:6

En el hebreo, la palabra correspondiente para "dolió" es בָּצַע (atsab, Strong H6087), que significa: entristecer profundamente, afligir con intensidad emocional. Y la palabra que corresponde a "corazón" aquí es בל (lev, H3820): el centro mismo del ser. Dicho de otra forma, el dolor de Dios no fue superficial. Fue visceral. Existencial. Total. A Dios no le dolió porque perdió el control, sino porque su amor fue rechazado. No fue ira lo primero que lo movió… fue dolor. Un dolor paternal, tierno, profundo, como el de un padre que ve a su hijo autodestruirse y no quiere ayuda.

"¿Cómo podré abandonarte, Efraín? ¿Cómo podré entregarte, Israel?... Mi corazón se conmueve dentro de mí, se inflama toda mi compasión."

OSEAS 11:8

Aquí la raíz hebrea del vocablo "conmueve" es רָפַה (hafak, H2015) que implica ser trastornado, dado vuelta, removido con fuerza. El corazón del Padre fue conmovido hasta las entrañas cuando el Edén se cerró; cuando vio a Caín matar a Abel; cuando el diluvio ahogó a una generación; cuando su pueblo se prostituyó con otros dioses; cuando tuvo que entregar a su Hijo para que otros vivieran. Ese dolor no fue debilidad, fue fidelidad al amor.

EL HIJO LLORÓ

Jesús no solo lloró por nosotros. Lloró con nosotros. En la Palabra de Dios se registran tres momentos donde Jesús lloró. Y cada uno revela un tipo de dolor divino encarnado, dejemos claro que lloró siendo hombre:

a) El llanto por la pérdida:

> *"Jesús lloró."*
>
> JUAN 11:35

En la tumba de Lázaro, aun sabiendo que lo resucitaría, Jesús lloró.

¿Por qué llorar si sabía el final? Aunque hay muchos ángulos interpretativos del pasaje, en esta ocasión veremos este. Porque Dios no se desconecta del dolor humano, aunque tenga el poder de revertirlo. Él honra el proceso, valida las emociones y camina con nosotros… incluso si el milagro está por ocurrir.

b) El llanto por la ciudad:

> *"Y cuando llegó cerca de la ciudad, al verla, lloró sobre ella."*
>
> LUCAS 19:41

Aquí el término griego es κλαίω (klaiō, G2799) – llorar ruidosamente, con angustia. Jesús no solo derramó lágrimas… sollozó. Lloró por Jerusalén porque amó y no fue amado. Porque habló y no fue escuchado. Porque quiso abrazar y fue rechazado. El dolor del Hijo fue el rechazo de aquellos por quienes había venido. El llanto interior del Getsemaní y la cruz. No hubo lágrimas en tinta, pero hubo sangre mezclada con dolor. Jesús, el Verbo eterno, el Hijo sin mancha, lloró gotas de sangre (Lucas 22:44). Y colgado en la cruz, gritó al Padre: "¿Por qué me has desamparado?" Ese grito fue el eco de un llanto silencioso, profundo.

El dolor del abandono, de cargar con la maldad del mundo… y no responder con venganza, sino con perdón. El Hijo lloró… para mostrarnos que es posible obedecer mientras se sufre.

Y aunque era Hijo, por lo que padeció aprendió la obediencia;
HEBREOS 5:8

Si el Hijo convirtió el padecimiento en obediencia, cómo nosotros no vamos a dejar que Él convierta nuestro dolor en una escuela de frutos del Espíritu, haciéndonos semejantes a Él.

EL DOLOR DEL ESPÍRITU SANTO

"Y no contristéis al Espíritu Santo de Dios…"
EFESIOS 4:30

La palabra "contristar" proviene del griego λυπέω (lypeō, Strong G3076) – que significa: afligir con tristeza emocional, herir el corazón de alguien amado. El Espíritu no es solo fuego, poder, lenguas o viento… Es sensibilidad. Es Presencia. Es ternura divina encarnada.

¿Qué puede producirle dolor? Cuando se apaga su voz, se endurece el corazón, se manipulan sus dones, se olvida su Presencia, se traicionan sus propósitos, se ignora su persona, se blasfema contra Él.

> *"El Espíritu mismo intercede por nosotros con gemidos indecibles."*
>
> ROMANOS 8:26

La palabra "gemidos" aquí es στεναγμός (stenagmos, G4726) – dolor sonoro, lamento profundo sin palabras. Cuando tú no sabes cómo orar, Él convierte tu llanto en intercesión. Él está en el hospital, en la sala vacía, en la pérdida, en la depresión, en la cárcel…Dios sabe lo que va a pasar y se identifica con el dolor humano. Cuando el hombre falla, Él se identifica con el dolor.

No existe un dolor semejante al que El Espíritu Santo siente cuando es contristado, ofendido. Recuerdo las veces que he sentido un dolor profundo que no sé cómo describirlo al ver ciertas cosas que la iglesia hace y he podido sentirlo contristado. Jamás nuestro dolor es semejante al que le hemos causado a Dios y aun así Él decide amar por encima de todo.

PARTE 2

LA ESCUELA DE JESÚS

Si hay una escuela donde somos apuntados de manera natural y obligatoria es en la del dolor, donde no hace falta una cualidad o característica específica para alistarse, simplemente cuando todo ser humano nace, la primera experiencia al llegar a este mundo es por medio de un grito. Lo curioso es que sin ese grito no hay vida, así que la señal de que estamos vivos es el dolor. Si una parte del cuerpo no duele o no siente cuando sufre algún daño, es un indicador de que está dañada o muerta.

Desde que naces hasta que mueres estarás expuesto al dolor, es parte de nuestra humanidad. El primer lenguaje que aprendemos es el del llanto. No solo al nacer lloramos, sino que se convierte en el lenguaje de cada pequeño para expresar necesidades tales como hambre, sueño, incomodidad, que necesita un cambio de pañal... Es el lenguaje más usado para llamar la atención, pedir ayuda, trasladar el sentimiento propio de dolor a alguien más, incluso un medio para aliviar el nuestro. Pero dentro de todo esto tan humano el dolor es más profundo de lo que podemos imaginar.

Siempre pensamos que nuestro sufrimiento, dolencia, padecimiento es el más grande vivido o por vivir. Es tan fácil adaptarse a la idea de que nos morimos por dolor hasta que conocemos a alguien que vivió o sufrió más que nosotros. Ahí nos damos cuenta de que nuestra historia no es la más fuerte ni nuestro sufrimiento insuperable; pero si a esto le sumamos que el dolor del hijo de Dios es mayor aun, entonces comprendemos lo que vivió, dejamos de pensar que es mucho lo que sufrimos y comenzamos a darnos cuenta de que la escuela del dolor nos moldeó, nos cambió, mas no nos destruyó.

Sin embargo, hay una sola persona que voluntariamente se apuntó en esa escuela. No tenía que pasarla, pero decidió hacerlo. Nuestro Señor Jesucristo quien por amor a nosotros fue entregado (Juan 3:16) voluntariamente se ofrendó para tabernaculizar (hacerse carne) en medio de su pueblo y vivir una vida como la nuestra. No escogió nacer en un palacio ni en las familias más adineradas, cuando solo hacía falta una virgen pura para cumplir la profecía.

No fue un niño a quien le dieron todo, sino un hijo que aprendió el oficio de José, su padre, a ser un carpintero durante décadas, una carrera que no iba a desempeñar pero que le iba a formar, por ende, también sufrió y aunque siempre tuvo el poder para elegir terminar con esto, llevó a cabo el plan del PADRE hasta la muerte y muerte de cruz.

Ciertamente hay dolores en la vida que muchas veces se prefiere la muerte antes que soportarlos. Cuántas veces nos sentimos sumidos en un dolor tan grande, ya sea físico o emocional y preferimos decir -ya no más. Ese dolor lo vivió y lo soportó Jesús en el final de sus días por amor a nosotros. Hagamos un pequeño recorrido por sus últimos días para entender el escenario y la magnitud de su dolor.

Todos sufrimos de diferente manera, pero el dolor siempre tiene un propósito y cuando haga lo que tenga que hacer, entenderás y aprenderás la lección necesaria. Las lecciones no se aprenden cuando se están sufriendo, sino cuando las pasaste.

EL MONTE DE LOS OLIVOS

Desde allí podía ver la ciudad, llorar por ella, clamar por ella. Era su lugar de oración, de comunión. Ahí había un huerto llamado Getsemaní y es en aquel huerto en el que se tiró sobre la roca y se inclinó a orar y sintió el dolor de la tristeza, de la depresión, de la muerte que se avecinaba, el dolor de la traición, porque aunque lo sabía, ahora lo estaba viviendo. Estaba viviendo el dolor de un beso falso y sumado a todo esto, el dolor de la soledad.

Y adelantándose un poco, cayó sobre su rostro, orando y diciendo: Padre mío, si es posible, que pase de mí esta copa; pero no sea como yo quiero, sino como tú quieras.

MATEO 26:39

"El dolor es inevitable, pero definitivamente podemos evitar que el dolor nos gobierne."

La manera que encontró Jesús fue entregar su voluntad y no dejarse gobernar por el dolor que estaba padeciendo, porque el dolor puede ser una inspiración a la venganza, al resentimiento, al remordimiento, al mal uso del poder o de la unción. Jesús sabía que con rendir su voluntad a Dios no evitaría el dolor, pero este no lo gobernaría. En ese mismo episodio de extremo dolor en Jesús, vemos que cuando fue a buscar a los discípulos, a los íntimos, los encontró durmiendo y no encontró apoyo. Además de todo el dolor que ya experimentaba, cada escenario a su alrededor lo aumentaba. En este caso, ser abandonado por aquellos que Él esperaba que fueran incondicionales. Los que estuvieron para los milagros, aplausos y glorias no estaban para el dolor.

Usaré una frase que se utiliza con frecuencia. Cuando hay una herida todos los golpes van para ahí, y ciertamente si estamos adoloridos nuestro nivel de sensibilidad aumenta de manera significativa y magnificamos el dolor.

Es inevitable sentir dolor frente a situaciones que nos afectan y que son injustas. La tristeza que había visitado a Jesús era de muerte. La mezcla de sentimientos, emociones, pensamientos, frustraciones, era ineludible, pero Él estaba evitando que todo lo que sentía, pensaba y vivía lo sacara u apartara del propósito que traía asignado. El Monte de los olivos fue un campo de batalla entre Jesús y su alma humana, entre su dolor y el control de este sobre su vida.

EL CAMINO AL CALVARIO

El camino que comenzó en el Getsemaní hasta la cruz fue un recorrido de profundo dolor. Desde que su sudor de convirtió en gotas de sangre, preámbulo del más grande sacrificio, hasta la injusta detención. El juicio hostil frente a los líderes religiosos, aquellos que por celos y envidia preferían romper los mandamientos de la ley, donde dice no matarás para ser juzgado. Un juicio marcado por el odio carente de revelación, de aquellos que conociendo las escrituras eligieron ignorar las profecías solo para no reconocer a Jesús.

Mientras el Mesías era azotado y escarnecido, marcado por el dolor físico cargaba una pesada cruz sobre sus hombros lacerados. Aunque le cargaron la cruz no pudieron cargar con el peso de todo el pecado. Cuánto dolor. La humanidad a la que amaba y por la que marchaba camino a la muerte era quien se burlaba y lo acompañaba sedienta de sangre… La muerte de una inocente convertida en espectáculo público, donde la sangre se mezcló con la tierra y la burla con el silencio del cielo. Pero mientras la multitud lo rechazaba, el Hijo obedecía.

Cada paso en aquel camino empedrado al Calvario era una lección viva de sumisión a la voluntad del Padre. Aunque esa voluntad doliera, aunque no recibiera aplausos, aunque el amor fuera respondido con desprecio. Porque Jesús no solo cargaba un madero, cargaba la herencia de nuestra desobediencia. En la escuela del dolor Él fue perfeccionado, pero no por castigo, sino por fidelidad. Su obediencia no fue solo enseñada, fue encarnada. Hebreos 5:8-9 lo afirma con claridad: "Aunque era Hijo, por lo que padeció aprendió la obediencia". Él no necesitaba aprender como quien no sabe, sino que nos enseñó desde el lugar donde más duele: obedecer cuando se sufre, amar cuando no se es amado, callar cuando el alma quiere gritar. Y así, desde esa cruz teñida de dolor y gloria, se convirtió en el autor de una salvación que no se impone, sino que se entrega. Esta es la escuela de Jesús: una donde se aprende con lágrimas, pero se hereda eternidad.

LA INGRATITUD FRENTE A LA CRUZ

Una de las cosas que aprendí del Espíritu Santo es que perdonar duele más que ofender, porque cuando nos hieren siempre diremos -no lo merezco, era innecesario. Pero perdonar es aun más inmerecido y doloroso, porque perdonar es soltar algo que no queremos soltar. El perdón tiene el poder de absolver a un culpable de su delito y por eso perdonar, duele. Mas en la cruz, una de las cosas que Jesús hizo fue perdonarnos y su defensa fue hacernos ignorantes y, por ende, inocentes del crimen más atroz de la historia.

> *Y Jesús decía: Padre, perdónalos, porque no saben lo que hacen. Y echaron suertes, repartiéndose entre sí sus vestidos.*
>
> LUCAS 23:34

"El mejor sermón de la historia se predicó desde un púlpito de madera llamado cruz y se predicó desde el silencio, porque más poder que las palabras tienes los sacrificios de amor."

Muchos cargan cruces o las ponen en algún rincón de la casa como un simple amuleto de protección o un objeto que nos lleva a no olvidar a Cristo en su peor y más glorioso momento. Llevan una cruz, pero no conocen realmente qué es. La cruz no es un amuleto que se cuelga en la pared o que se quema en una hoguera, la cruz es un estilo de vida, no un distintivo de ser creyente.

La cruz se vive, no se luce. Es detenerse y hacer arreglos. El imperio romano se detuvo frente a la cruz; un pedazo de madera que no era lo majestuoso, sino quien estaba en ella. El mundo no ha podido borrarla y aunque han sido destruidas cientos de cruces a lo largo de la historia, sigue intacta. La cruz es mi perdón, mi redención, es la salvación, la obra perfecta ejecutada. Es ver a Dios reducido a todo por amor. Y ese amor fue tan grande que le detuvo en ella; no los clavos ni los amarres; los soldados o las ofensas. Solo el amor detuvo a Jesús en ella.

La cruz no es grande, la hizo grande quien murió en ella. La cruz es la obra maestra de un plan perfecto; la escena final de una temporada hermosa, donde en la cumbre de su vida no hubo aplausos ni frases de aceptación; solo negación, traición y abandono. Traicionamos al que murió en la cruz mientras tomaba nuestro lugar.

La ingratitud, haya sido o no intencional, es un recordatorio de que muchas veces la bondad será vista pero no reconocida, y es ahí donde salimos adoloridos porque la falta de reconocimiento nos hace sentir que los demás son merecedores del bien. El dolor te lleva a la obediencia y la obediencia a la perfección.

Y aunque era Hijo, por lo que padeció aprendió la obediencia;
HEBREOS 5:8

Y habiendo sido perfeccionado, vino a ser autor de eterna salvación para todos los que le obedecen;
HEBREOS 5:9

Aun en la cúspide del dolor, frente a la desnudez del abandono humano, Jesús no retrocedió. La ingratitud no apagó su entrega ni la soledad en el madero quebró su propósito. Porque aunque era Hijo, aprendió obediencia a través del sufrimiento y en esa escuela silenciosa donde las palabras ya no alcanzaban, fue perfeccionado. Allí, en la intersección entre la cruz y el rechazo, nació la salvación eterna.

No se trató de una muerte sin sentido, sino de una obediencia que floreció en medio de la herida. Cada latido sangrante no solo cargaba con el pecado, sino con la lección: el dolor no lo venció, lo perfeccionó; lo convirtió en la ofrenda perfecta para ser el sacrificio perfecto. Su dolor era parte de la evidencia de su perfección; la inspección sacerdotal para escoger lo mejor.

VARÓN DE DOLORES

El cuerpo de Cristo pasó por dolores físicos. Vemos que la Biblia lo llama varón de dolores y experimentado en aflicción. Nos deja claro que fueron muchos los dolores en su cuerpo. Por eso debemos entender que también pasaremos por ellos.

Fue despreciado y desechado de los hombres, **varón de dolores** *y experimentado en aflicción; y como uno de quien los hombres esconden el rostro, fue despreciado, y no le estimamos.*
ISAÍAS 53:3

Experimentado proviene de una raíz hebrea que significa: conocer, experiencia, estar íntimamente familiarizado con algo. No solo observa el sufrimiento, sino que lo vive en carne propia.

El cuerpo de Cristo sufrió de manera extrema en la cruz. Muchos son los estudios que he leído sobre su dolor físico, pero a la luz de la Palabra podemos ver la magnitud del dolor. La flagelación producida por látigos traspasaba y desgarraba su piel. Los látigos tenían múltiples correas y en las puntas, pedazos de metal o de huesos. Uno de los castigos era la pérdida de sangre y el mareo que producían una gran debilidad y precipitaban al cuerpo al borde del colapso, símbolo del sufrimiento extremo.

PARTE 3

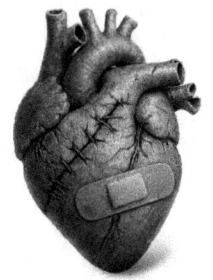

AMAR DUELE

Desde el origen de los tiempos, el amor ha sido el hilo conductor que crea y sostiene el universo, lo sostiene todo. No es un amor distante o indiferente, sino uno que late con intensidad, capaz de crear mundos y, al mismo tiempo, sufrir por ellos. Hablo de un amor que es imposible de entender de manera natural o humana: el amor de Dios.

Ese amor no solo se manifestó hacia nosotros, sino que también se nos demostró para que aprendiéramos a amar como Dios ama. Pero ciertamente el dolor de amar es una herida abierta en el corazón de Dios desde el momento en que decidió dar al hombre la libertad de escoger. Porque amar profundamente implica abrir la puerta al sufrimiento, especialmente cuando el amor no es correspondido y no se recibe lo que se da.

En las escrituras vemos a un Dios que ama con un amor feroz y tierno; un amor sin medida e incomparable. Pero vemos que amar duele. Génesis nos narra cómo Dios creó al hombre a su imagen y semejanza, lo colocó en el Edén con libertad absoluta, le proveyó de todo lo conocido y lo no conocido, les dio todo y se dio a sí mismo al caminar en el huerto y permitirles tener una relación íntima con Él. Sin embargo, cuando Adán y Eva eligieron desobedecer a Dios, no los aniquiló, sino que en su eterno amor los perdona, los cubre y les da una oportunidad más, aunque con consecuencias.

La pareja que había recibido todo ahora se multiplica, pero su descendencia falla y ocurre la primera muerte de la Biblia, todo por celos y envidia. Aquí no termina todo, en lugar del hombre insistir y buscar un medio para regresar a Dios y recuperar el huerto, se adaptan a la idea y se multiplican, se mezclan con otras creaciones y dan lugar a una nueva raza: los Nefilim (los gigantes) esto también le dolió en el corazón al Creador.

> *"Y se arrepintió Jehová de haber hecho hombre en la tierra, y <u>le dolió en su corazón</u>"*
>
> GÉNESIS 6:6

Este versículo revela un aspecto poco explorado de la divinidad, el Dios omnipotente siente dolor. Amar duele cuando se ha dado todo y no se ha valorado en nada; cuando se pisotea la misericordia producto del amor y se encuentra traición en lugar de arrepentimiento y amor recíproco. Si a Dios no lo supieron amar siendo su amor perfecto, cómo muchas veces tenemos las expectativas de ser amados.

En el libro de Oseas, Dios se compara con un esposo traicionado, rechazado, que durante un período de gran infidelidad de este, se había ido tras otros dioses. Dios ha sido profundamente herido por un pueblo a quien ha amado intensamente y ha sido rechazado de muchas maneras. Dios conoce el dolor de la infidelidad, de la traición, del olvido voluntario. Conoce el dolor de amar.

> *¿Cómo podré abandonarte, Efraín? ¿Cómo podré entregarte, Israel? ¿Cómo podré yo hacerte como a Adma? ¿Cómo podré tratarte como a Zeboim? Mi corazón se conmueve dentro de mí, se enciende toda mi compasión.*
>
> OSEAS 11:8

El amor divino no es frío ni distante; es apasionado, sensible y sufre cuando es despreciado. Cuidando, librando, sosteniendo, ÉL se entregó y aun así siendo este pueblo tan ingrato e infiel, Dios expresa su amor diciendo: mi corazón se conmueve dentro de mí, dispuesto a todo para poder restaurar la relación aun sin su pueblo querer hacerlo.

> *"Dios conoce el dolor de amar sin ser correspondido."*

La cúspide del dolor de Dios se manifiesta en la cruz. Jesús, Dios encarnado, no solo sufrió el dolor físico, sino también la agonía emocional de ser rechazado por aquellos a quienes vino a salvar. A los suyos vino y los suyos no le recibieron, experimentó la indiferencia y el dolor del rechazo de los que amaba.

> *"Jerusalén, Jerusalén, que matas a los profetas y apedreas a los que te son enviados, ¡cuántas veces quise juntar a tus hijos, como la gallina junta sus polluelos debajo de sus alas, y no quisiste!"*
> MATEO 23:37

El lamento de Cristo refleja el corazón herido de un Dios que ama hasta las últimas consecuencias y que está dispuesto a entregarse a sí mismo por este amor, aun sabiendo que los que amaba gritaban deseando su muerte.

Si pudiésemos escudriñar el corazón de Jesús camino a la cruz, ver a aquellos por los que había renunciado a todo y dejado el trono para morir y encontrarse con la ingratitud; saber qué se siente al amar tanto como para ofrendarte sin reservas por quien no califica para recibir. Entonces el amor es una fuerza que te hace actuar sin esperar, sin razonar, sin cuestionar, sin reservarte. El amor no es humano. Nosotros no podemos amar de esa manera, amar es divino y por eso no logramos darle la magnitud a ese amor o igualarlo, expresarlo ni corresponderlo.

El dolor de Dios también se manifiesta en su paciencia hacia la humanidad. Pedro nos recuerda que:

> *"El Señor no retarda su promesa, según algunos la tienen por tardanza, sino que es paciente para con nosotros, no queriendo que ninguno perezca, sino que todos procedan al arrepentimiento"*
> 2 PEDRO 3:9

La espera paciente de Dios está impregnada de dolor, es un sufrimiento que refleja su deseo profundo de redención para todos. Un amor que practica la paciencia te amará y esperará para que ese amor produzca algo hermoso en ti: arrepentimiento. Es un amor que gana tiempo para que nosotros podamos alcanzar su promesa.

"Dios siente, sufre, se duele pero aun así no va en contra de sí mismo, no deja de amar, porque Él no siente amor, es amor."

EL DOLOR HUMANO AL AMAR

1) Si Dios, siendo perfecto, sufre al amar ¿cómo no vamos a sufrir nosotros? Amar implica exponerse, abrir el corazón y correr el riesgo del rechazo, la traición o la pérdida. En la Biblia, personajes como David experimentaron este dolor. Su amor por su hijo Absalón fue tan profundo que, a pesar de la rebelión de este, su muerte lo destrozó.

"¡Absalón, hijo mío! ¡Hijo mío, Absalón! ¡Quién me diera haber muerto yo en tu lugar!"

2 SAMUEL 18:33

El amor paternal de Dios por nosotros se revela inconmensurable en lugar de recordar la traición, la ingratitud, la rebeldía, la deshonra, el complot, la falsedad, la hipocresía de besarlo mientras caminaba. Un plan para quitarle el reino y usurpar el trono, pero David en su amor tan grande lamenta su muerte, piensa y expresa que él hubiese tomado el lugar de su hijo.

> *"Ningún hijo entiende el amor de su padre hasta que se convierte en uno."*

Pablo también entendió el dolor de amar, pero esto no lo detuvo, siguió amando al pueblo de Dios y sirviéndole a Él sin importarle el costo. Su ministerio estuvo lleno de traiciones y rechazos, pero seguía amando a las iglesias que fundaba y al cuerpo de Cristo.

> *"Porque, aunque os amara más, ¿seré amado menos?"*
> 2 CORINTIOS 12:15

Y Jesús mismo advirtió que amar a los enemigos y bendecir a los que nos maldicen no es un llamado sencillo, sino un acto que duele y desafía nuestra naturaleza humana.

El dolor de amar también se evidencia en las relaciones cotidianas. Padres que sufren por sus hijos extraviados, esposos que atraviesan crisis profundas, amigos que experimentan la traición. Amar no siempre trae recompensa inmediata; muchas veces deja cicatrices. Pero esas cicatrices son evidencia de un amor genuino.

El dolor que redime

El dolor de amar no es vano. En Dios, ese dolor se convierte en el vehículo de redención. La cruz, el mayor acto de amor y sufrimiento, es la puerta a la vida eterna. De igual manera, cuando nosotros amamos y sufrimos por otros, participamos de ese amor redentor.

Jesús nos llamó a amar como Él amó. Sabiendo que esto nos llevará también a padecer, su ejemplo del dolor experimentado por amar, siempre nos hará sentir bien porque es parte del diseño de Dios.

> *"Nadie tiene mayor amor que este, que uno ponga su vida por sus amigos"*
>
> JUAN 15:13

Amar profundamente nos hace vulnerables, pero también nos hace más semejantes a Dios. El apóstol Juan nos recuerda que:

> *"El que no ama, no ha conocido a Dios; porque Dios es amor"*
>
> 1 JUAN 4:8

Y este amor no es solo gozo y alegría, también es carga y sacrificio. Amar es llevar sobre los hombros el peso del otro, es llorar con los que lloran y alegrarse con los que se alegran (Romanos 12:15). Entonces estamos llamados a amar, aunque esto nos duela algunas veces, aunque no sea correspondido ni valorado. Amar es un mandamiento y debemos aprender a vivir con este amor.

AMOR PERFECTO

El matrimonio, como todo, tiene etapas. Algunas hermosas, llenas de flores, colores, frases de amor, tiempo de calidad, pero hay momentos donde esa primavera de romanticismo se puede pausar o terminar por varias razones que van desde las responsabilidades en aumento, como el trabajo para alcanzar las metas personales o maritales, hasta los hijos algunas veces.

La falta de saber administrar el tiempo correctamente, la suma de situaciones adversas internas y externas, las batallas emocionales o los conflictos que muchas veces no se resuelven y persisten en aparecer y afectar a los que les rodean, los traumas emocionales no arreglados y arrastrados del pasado pendientes por resolver, ciertamente son los factores que producen la inestabilidad en el matrimonio.

Hay otros con los que es más difícil lidiar, como la deslealtad, la traición, la mentira, la infidelidad y todos ellos nos llevan a creer que se acabó el amor, porque no podemos entender la fórmula de que AMAR DUELE. Nos rehusamos a esto y solemos decir cosas como:

- quien ama no lastima, si me amaras no me harías esto, si el amor fuera genuino esto no habría ocurrido o ante un cambio, se usan frases como: -me dejaste de amar o ya no te amo o las cosas han cambiado mucho.

Pero entendemos un poco sobre el amor, para darnos cuenta si nuestro dolor está más ligado a no saber amar correctamente o a no comprender qué es. El amor es algo que yo no he logrado entender en su total magnitud aun. Es demasiado profundo para la mente humana. Me he llegado a preguntar ¿qué es el AMOR? porque no hay un concepto lo suficientemente sólido que lo defina.

Su concepto está más enfocado en sus características que en él mismo y es porque claro, Dios es amor, por ende, es divino y por eso no podemos definirlo. Nos cuesta imitarlo y nos rehusamos a que nos duela el amar. Muchos dicen que es un sentimiento, pero si fuese así dejaríamos de creer que EL AMOR NUNCA DEJA DE SER (1Cor 13:8) como está escrito en su Palabra y evidenciado en la cruz.

Un sentimiento es algo efímero, aunque es intenso no es constante. Significa que aparece y desaparece, que se manifiesta en condiciones únicas y adecuadas pero que se desvanece cuando algo cambia. Cuando usted siente alegría ante un regalo, una sorpresa, un logro, qué bien se siente, qué extremo sentimiento, pero con qué corta duración, ya que al pasar un rato o unos días se desvanece y se convierte en un recuerdo, pero no es una constancia. De esa misma manera es el amor como sentimiento, aparece y si algo cambia, se desvanece, deja de ser.

> *En el amor no hay temor, sino que el perfecto amor echa fuera el temor; porque el temor lleva en sí castigo. De donde el que teme, no ha sido perfeccionado en el amor.*
>
> 1 JUAN 4:18

Sí hay un amor perfecto, es el amor sin defecto. Entonces podemos llegar a la conclusión de que hay un amor imperfecto lleno de defectos. Una manera defectuosa de amar, lo más cerca al amor sin defecto es el amor paternal, maternal. Queda claro que hay excepciones y que no hay una ley absoluta.

Un hijo se ama solo porque es hijo. Se ama desde que está en el vientre. Se ama sin conocer la apariencia, el sexo, las características emocionales, mentales o físicas. Se ama sin que pueda amarnos de vuelta o sin que haga algo para merecer ese amor. Es un amor bien cercano a la perfección. Su hijo nace, crece, falla, desobedece, le podría mentir, le avergonzará muchas veces, incluso podría llegar a traicionarle de alguna manera, producirle dolor (Como Absalón a David) y aun así ese amor es incondicional y genuino.

El dolor de amar revela el lado más humano y divino de nuestra existencia. Nos conecta con el corazón de Dios y nos invita a amar con valentía. Sabemos que el sufrimiento es parte del camino, pero también la semilla de una gloria eterna. Porque al final, el amor que duele es el amor que transforma.

> *"El amor todo lo sufre, todo lo cree, todo lo espera, todo lo soporta"*
>
> 1 CORINTIOS 13:7

El dolor de amar es un eco del corazón de Dios latiendo en el nuestro. Nos recuerda que amar no es un acto débil ni superficial, sino una fuerza capaz de cruzar la eternidad, transformar vidas y construir puentes donde solo hay abismos. No se puede dejar de amar porque duela o temerle al amor por el dolor. Debemos entender que es parte de este, pero que el que conoce el amor sabe que ningún dolor puede llegar a apagar este sentimiento tan fiel y puro.

PARTE 4

DOLOR POR CAUSA AJENA

Entre muchos de los días que me cargué recuerdo un día específico que luego de seis horas de ministración en la oficina finalicé el último caso. Llegué a casa totalmente afligida, agotada, cansada, triste. Ese día no quería comer ni hablar con nadie. Me fui angustiada a llorar. Esa noche no lograba conciliar el sueño, era como si se alejara de mí y no me dejara encontrarlo. Daba vueltas en la cama sin poder sacar de mi mente la última de las ministraciones.

Una mujer que estaba con un hombre esquizofrénico crónico, con una bipolaridad grave, con manifestaciones agresivas, con un gran mal carácter y con su diagnóstico de ser bipolar nada le parecía bien y terminaba golpeándola a más no poder. No escapaba de ahí pues su pobreza era una cárcel, no tenía a dónde ir, no podía salir de esa prisión pues prefería los golpes y la locura más que la calle. Vivía en un área pobre de Cuba y desprovista de ayuda, familia, empleo, oficio, futuro.

Cada pregunta empeoraba la historia. En lo que yo buscaba una aparente solución, en aquel entonces intentaba entender cómo resistió tanto maltrato, aparecía un abismo de sufrimiento que marcó su vida desde su nacimiento. Cada pregunta abría un capítulo de profundo dolor, pobreza y abusos. En medio de su cruda realidad no quedaba embarazada y decide ir a ver una sacerdotisa para lograr concebir. Esta le dice que no podía tener hijos, que no se lo permitían fuerzas espirituales. Pero que si ella insistía debía saber que había un precio a pagar: el fruto de su vientre tendría problemas mentales. Esto sería más fuerte de lo que ya he vivido -pensó y acepta el pacto.

Poco tiempo después queda embarazada y este vientre se convierte en un problema mayor para la situación que ya enfrentaba en esa casa. Con algunos meses de embarazo y una barriga creciendo un día es lanzada escalera abajo a golpes de patadas. Tras una gran golpiza se va y se detiene sin ganas de vivir bajo un árbol por donde pasa un hombre y le ofrece una relación. Ella vuelve a pactar, se casó sin amor.

Te daré un hijo si me das techo y crías lo que llevo en el vientre. Así comenzó otro capítulo doloroso de su vida. Al pasar más de una década se enfrentaba a ver a su hija atada a la locura extrema y otras consecuencias graves de los errores pasados. Dejé de plasmar muchos detalles dolorosos para darles, grosso modo, una perspectiva de aquella ministración. Con el dolor que hablaba, con el sufrimiento que era el océano que la devoraba, el vacío de ganas de vivir, de no tener salida y tras orar por ella me fui a casa.

Quién duerme tras ver toda una vida de dolor pasar frente a sus ojos. Yo no pude. Pasé la noche orando, cargada, sufriendo, dando vueltas una y otra vez a la historia, tratando de encontrarle una salida. Así como alguien busca un camino en medio de un gran laberinto transcurrió la noche. Rayó el alba y aun esta ministración me cargaba. Recuerdo a mi suegra y a líderes de la iglesia preguntarme qué me pasaba.

Una tristeza tan grande me afligía que no lograba esconderla de los que me conocían. Esto me duró una semana aproximadamente. Me fui a orar y a pedirle a Dios que me liberara del dolor ajeno. NO SOY DIOS. No puedo hacer lo que Él puede hacer. Había hecho lo que me correspondía: ministrar, liberar, orar, aconsejar. Ahora le tocaba a ella actuar y creerle a Dios para ver la salida.

El sufrimiento es una realidad ineludible en la vida humana. No hay ser vivo que no haya sido tocado por el dolor en alguna medida, pero hay un tipo de sufrimiento que nos afecta de manera distinta, un dolor que no nace de nuestras propias heridas, sino de las de otros. Es un dolor silencioso, profundo y muchas veces incomprendido: el dolor ajeno que cargamos en nuestro espíritu, el peso de ver a otros quebrantados sin poder hacer nada para cambiar su situación.

No aguanto más, no puedo más, es demasiada la preocupación, no puedo dormir. Todas fueron frases que en algún momento dije. Me cargaba de más y no había aprendido a lidiar con causas ajenas. El dolor ajeno llega a doler como si fuera propio, muchas veces más porque hay personas que logran dormir con sus problemas ya que se acostumbraron a ellos, pero hay otros que no lo logran porque no saben manejar el dolor ajeno, sin dejar de ser empáticos, sin sobrecargas, sin dejar de ser sensibles. Es poner límites, saber aconsejar sin sobrecargarnos, manejarlo sin llevar a casa cargas ajenas y sin dejar que nos afecte a nosotros o los nuestros.

Cómo lidiar con la impotencia que muchas veces nos invade de no saber o no poder hacer nada. Muchas veces conocemos qué debemos hacer, pero no nos toca a nosotros tomar la decisión y sufrimos por la condición ajena sin poder lograr nada más que frustrarnos. Este tipo de sufrimiento nos golpea en el alma porque Dios nos diseñó para vivir en familia, en comunidad, como un cuerpo, para amar, para conectar. Cuando alguien a quien amamos o conocemos sufre, sentimos su quebranto como si fuera nuestro.

Un padre sufre por su hijo descarriado, una esposa por el esposo que ha perdido la fe, un pastor por la oveja que ha sido atrapada por el mundo, un amigo por su amigo al que ve mal, amargado, confundido. Un hijo sufre por el dolor de su madre tras el abandono de su padre. Hombres y mujeres de Dios que sufren viendo la condición de la iglesia actual. Es un sufrimiento real y legítimo, pero si no aprendemos a manejarlo con sabiduría puede volverse una carga insoportable, una sombra que nos robe la paz y hasta nos haga cuestionar a Dios. El dolor no tiene medida, esto significa que jamás podremos saber cuánto duele realmente.

La pregunta que debemos hacernos no es si sentiremos el dolor ajeno —porque inevitablemente lo sentiremos— sino cómo manejarlo sin que nos destruya.

EL PROFETA JEREMÍAS CARGANDO EL DOLOR DE UNA NACIÓN

Si hay un personaje en la Biblia que representa el sufrimiento por causa ajena, ese es Jeremías. Llamado a ser profeta en uno de los tiempos más oscuros de Israel. Su vida estuvo marcada por la tristeza, la impotencia y el rechazo. Dios lo levantó para advertir a la nación sobre el juicio inminente debido a su idolatría y rebelión. Sin embargo, en vez de ser escuchado, Jeremías fue despreciado, golpeado, encarcelado y ridiculizado.

Lo más desgarrador no fue su sufrimiento personal, sino el hecho de que él veía con claridad la ruina que se acercaba y sabía que el pueblo no quería escuchar. Él no podía hacer nada para cambiar su destino.

> "¡Oh, si mi cabeza se hiciese aguas, y mis ojos fuente de lágrimas, para que llore día y noche a los muertos de la hija de mi pueblo!"
>
> JEREMÍAS 9:1

Este no es un lamento superficial. Jeremías no llora por sí mismo, sino por el pueblo. Él siente la desesperanza de aquellos que verán su ciudad destruida, de los niños que morirán en la guerra, de las familias que serán llevadas cautivas a Babilonia. Sufre no porque tenga una vida difícil, sino porque ve lo que está por venir y sabe que no puede evitarlo, pero el dolor aumenta al ver ese estado en el que se encontraba el pueblo que parecía no reaccionar por lo que venía. No podían ver ni sabían qué hacer.

¿Te ha pasado? ¿Has visto a alguien a quien amas tomar un camino equivocado, hundirse en el pecado, alejarse de Dios, arruinar su vida? ¿Y te has sentido impotente, incapaz de hacer que escuche razones?

"Maldito el día en que nací... ¿Para qué salí del vientre? ¿Para

> *ver trabajo y dolor, y que mis días se gastasen en afrenta?"*
>
> JEREMÍAS 20:14-18

Este es el peligro del sufrimiento ajeno: si no lo llevamos correctamente, puede consumirnos hasta la desesperanza. Es como el que sufre porque ve a su nación hundirse y ver que no pasa nada, nadie hace nada. Sentir el dolor por la condición.

JESÚS LLORANDO POR EL DOLOR DEL MUNDO

Lo que Jeremías sintió en parte, Jesús experimentó todo erse dolor en toda su intensidad.

> *"¡Oh, si también tú conocieses, a lo menos en este tu día, lo que es para tu paz! Mas ahora está encubierto de tus ojos."*
>
> LUCAS 19:42

Jesús veía lo que la gente no podía ver. Sabía que la misma multitud que lo alababa ese día lo crucificaría poco después. Sabía que la ciudad sufriría la destrucción por rechazarlo. Su dolor no era por Él mismo, sino por aquellos que estaban cavando su propia ruina.

Jesús sintió profundamente el sufrimiento de la humanidad. Sanó a los enfermos porque le dolía su condición. Alimentó a las multitudes porque sintió compasión. Lloró por la muerte de Lázaro, aunque sabía que lo resucitaría. Nos muestra la empatía, la compasión, la misericordia y el mayor de todos: el amor. Fue su amor la fuerza que lo hizo ir a la cruz por los que le produjeron tanto dolor. Lo que nos permite entender que el sufrimiento ajeno no es una señal de debilidad, sino de amor. Yo no puedo sufrir por quien no amo.

Sin embargo, la diferencia entre Jesús y Jeremías es que Jesús sabía cómo manejar ese sufrimiento. No se quedó atrapado en la tristeza. No dejó que la angustia lo paralizara. Usó todo eso para ir a la cruz por nosotros. El dolor lo llevó a actuar y a no sumirse en el dolor.

> *"Cuando algo te duele haz algo al respecto."*

Aquí está la clave: debemos aprender a sentir sin ser consumidos, a amar sin ser destruidos, a sentir sin ser afectados, a pensar sin ser cargados, a sentir y actuar al respecto. El sufrimiento ajeno puede ser una carga demasiado pesada si no aprendemos a llevarlo de manera saludable.

EL DOLOR POR LA FAMILIA

Jesús fue movido a compasión por el dolor de Jairo cuando viene a interceder por su hija que fallecía. En medio de la plática aparece la noticia de que había muerto, no de lo que sucedería con Jairo. Pero sé que Jesús le da aliento diciéndole -no ha muerto, ella duerme. Cuando miramos los milagros, nos centramos en la magnificencia del poder activo de Dios, la manifestación de su sobrenatural poder, pero jamás imaginamos el dolor de aquellos que rodean cada situación triste.

Siempre he pensado en la familia del gadareno, de aquel endemoniado loco, viviendo en medio de sepulcros sin sentido, sin razón de ser, atormentado por una legión de demonios, escuchando voces diferentes todos los días. En su soledad su compañía eran los demonios que ocupaban su cuerpo y atormentaban su ser. Un día llega Jesús y el Maestro lo busca para hacerlo libre.

Y el hombre de quien habían salido los demonios le rogaba que le dejase estar con él; pero Jesús le despidió, diciendo:

Vuélvete a tu casa, y cuenta cuán grandes cosas ha hecho Dios contigo. Y él se fue, publicando por toda la ciudad cuán grandes cosas había hecho Jesús con él.

LUCAS 8:39

Su casa necesitaba ver el poder de Dios por medio del testimonio del gadareno. Es increíble pero muchas veces ignoramos el dolor ajeno en aquellos que ven a los suyos sufrir, ya sea por una enfermedad, una atadura, una condición en especial. Como el gadareno, hoy hay muchos en drogas, vicios, otros que en su rebeldía se fueron de sus casas y nunca más llamaron e ignoraron todo el dolor que producen en los que dejaron atrás.

NO CARGAR LO QUE SOLO DIOS PUEDE LLEVAR

Muchos pastores, consejeros y líderes terminan agotados porque intentan salvar a otros con sus propias fuerzas. Esto lo vemos en Moisés a quien Jetro, su suegro, tuvo que pedirle que por favor delegara, porque estaba demasiado cargado escuchando problemas de otros desde que habría los ojos hasta que caía el sol. Nosotros debemos aprender a poner límites en estas situaciones y aprender a soltar las cargas delante de Dios. Hay situaciones en las que no podemos hacer nada. Solo Dios puede actuar en ellas. Tenemos que asumir nuestras limitaciones y aprender que cuando algo nos cargue debemos de ir a Dios y entregar ese peso.

"Venid a mí todos los que estáis trabajados y cargados, y yo os haré descansar."

MATEO 11:28

CONVERTIR LA ANGUSTIA EN INTERCESIÓN

Jesús, en Getsemaní, en su momento de mayor angustia, oró. La oración no es solo un recurso de última opción; es la forma en que transferimos nuestras cargas a Dios. Cuando sabemos algo, no es para quedarnos pensando en lo que oímos, sino para actuar al respecto.

- Jesús no convirtió en carga la muerte de la hija de Jairo, fue a orar por ella.
- Jesús no se cargó con la muerte de Lázaro, lo resucitó.
- Jesús no se cargó con la viuda de Serepta, resucitó a su hijo.
- Jesús no se cargó con las opiniones de los escribas, siguió cumpliendo su asignación.
- Jesús no se cargó con la traición de Judas, se enfocó en la cruz.
- Jesús no se afectó por la negación de Pedro, lo alertó.

Cuando Dios te permite saber algo es para que actúes.

Jesús nunca fue espectador del dolor ajeno. Lo que sabía, lo que discernía, lo que veía, lo empujaba a moverse, a sanar, a liberar. Cuando le notificaron sobre la muerte de la hija de Jairo, no entró en luto, entró en oración y en camino. Cuando Lázaro murió, no hizo duelo prematuro, activó la fe que desafía la tumba. Incluso cuando supo de la traición de Judas, no se envenenó con amargura, sino que se enfocó en la redención. Jesús no permitía que el conocimiento del dolor lo inmovilizara; lo transformaba en intercesión efectiva.

Convertir la angustia en intercesión es tomar el peso del alma y depositarlo en el altar. Es reconocer que sentir no es malo, pero quedarse ahí sí lo es. Es comprender que cuando Dios te revela algo —una carga, un diagnóstico, una traición, una injusticia— no lo hace para que te detengas a sufrirlo, sino para que lo enfrentes en oración. La intercesión es el idioma del cielo que transforma la angustia en milagros, la impotencia en autoridad y el dolor en propósito. Es el arte de no cargar lo que solo Dios puede llevar, pero sí pararse en la brecha para que algo suceda.

El intercesor verdadero no es quien siente más, sino quien actúa sobre lo que siente. Jesús nos deja ese patrón. No se intoxicó emocionalmente con los murmullos de los escribas, no se desvió por la traición de sus discípulos, no se detuvo por la frialdad de los religiosos. Cada revelación que recibía la llevaba al altar del propósito. Porque cuando sabes quién eres, sabes qué cargas te corresponden... y cuáles debes rendir. La angustia no es excusa para la parálisis, es una invitación al clamor. Esa es la Escuela del Dolor por causa ajena: sentir con el corazón de Cristo, pero orar con su determinación.

PONER LÍMITES EMOCIONALES

Siempre habrá problemas, esos no se detienen. En muchas áreas y al mismo tiempo encontraremos situaciones en la vida. Terminaremos con uno y aparecerá otro. Algunas veces te encontrarás lidiando con varios a la vez, los personales, los familiares, los laborales, ministeriales y los ajenos. Debemos aprender a poner límites, a quitarnos esa comezón de oír que desarrollamos muchas veces queriendo estar al tanto de todo y aprender a administrar lo que oímos para evitar que nos afecte y nos cargue. Jesús ayudaba a las multitudes, pero también se apartaba a orar y recargar fuerzas.

Levantándose muy de mañana, siendo aún muy oscuro, salió y se fue a un lugar desierto, y allí oraba.
MARCOS 1:35

Si Jesús, siendo Dios, tomaba descansos espirituales, ¿cuánto más nosotros? Jesús muchas veces escapaba de la multitud para no ser absorbido por la atmosfera de las cargas. Podemos ver en los evangelios que la carga emocional y espiritual agotaba tanto que Jesús se quedó dormido en la barca y que la gran tormenta no lo despertaba. Ese agotamiento es producto de cargar y de ocuparse. Nosotros debemos aprender a poner límites a nuestros oídos y aprender a organizar cargas entre importantes, con solución, sin solución, con soluciones que no dependen de nosotros.

HAY QUE RECORDAR QUE DIOS ES SOBERANO

Numerosas serán las veces en las que sientas impotencia frente a situaciones fuertes, que nos estemos con las manos atadas sin poder hacer nada queriendo hacerlo todo. Es entonces cuando debemos recordar que Dios es soberano.

La soberanía de Dios significa que Él tiene el control TOTAL sobre todas las cosas, sean grandes o pequeñas. Nada está por encima de Dios. Hace lo que quiere y puede hacer lo que quiera. Establece la ley, pero solo Él puede romperla por su soberanía, sin imposibles y sin límites.

> *"Cuando no podemos hacer NADA no podemos olvidar que Dios puede hacerlo TODO."*

Jeremías vio la caída de Israel, pero también profetizó su restauración. Lo que hoy nos parece una tragedia, puede ser parte del proceso redentor de Dios y entender que Él es soberano. Nos hará descansar y confiar en su poder. Y otra más de nuestras incapacidades humanas y poder ministrar siempre que: Cuando no podemos hacer NADA no podemos olvidar que Dios puede hacerlo TODO.

NO DEJAR QUE EL SUFRIMIENTO NOS ROBE LA FE

Habacuc, después de cuestionar a Dios sobre la injusticia en el mundo, concluyó con una declaración de fe poderosa

> *"Aunque la higuera no florezca, ni en las vides haya frutos... con todo, yo me alegraré en Jehová."*
> HABACUC 3:17-18

Aun cuando no veamos soluciones inmediatas, debemos confiar en que Dios sigue obrando. Nuestra realidad o la ajena jamás puede hacernos perder la fe en el poder de Dios y esta es la fe que debemos trasmitir y ministrar a otros.

AMAR SIN SER CONSUMIDOS

El dolor ajeno es real, pero no debe destruirnos. Jesús nos mostró que podemos llorar sin perder la fe, sentir sin ser consumidos, amar sin quedar atrapados en la desesperanza.

Si hoy llevas la carga del sufrimiento de otros, recuerda: Dios no te llamó a ser el Salvador, Él lo fue. Él llevo la carga por nosotros y por los demás. Estás llamado a ser un intercesor, un canal de amor, un testigo de esperanza, un ministrador de fe, pero jamás a llevar cargas ajenas y mucho menos ser afectado por el dolor de nosotros. Suelta lo que no puedes cambiar, ora con fervor y confía en que Dios sigue obrando. Aun en medio del sufrimiento, sin volverte insensible, aprende a descansar en Dios. Hay procesos ajenos donde, aunque queramos no podemos tomar el lugar de otro ni cargar con consecuencias ajenas. Cada uno tiene su horno de fuego donde es tratado y a nosotros nos toca orar y apoyarle.

PARTE 5

PARACLETOS

En las noches más oscuras donde el sueño huye de mí y no me deja encontrarlo, sino que corre distante para que no lo halle; cuando las voces de mis pensamientos alzan la voz gritándome de cien maneras diferentes; donde el silencio atormenta y las pruebas más difíciles se pasan en secreto, he tenido la seguridad de la Presencia de Dios conmigo.

Es imposible hablar de un proceso sin mencionar la persona que no le teme al dolor, sino que cuando lo ve se aproxima más que nunca para no dejarnos desamparados. El Espíritu Santo no se aleja ni se espanta por el dolor o por la profundidad de una herida, al contrario, se acerca porque conoce nuestra fragilidad e incapacidad de lograr cosas por nuestras propias fuerzas.

He tenido múltiples temporadas de sufrimientos profundos en diferentes áreas de mi vida. Muchas las he tenido que pelear sola ya que hay momentos en quese llevan otras cargas y hay batallas que se deben pelear personalmente, no a nivel familiar. En ellas y en todas, aunque no lo logré saber algunas veces por qué mi dolor llegó a hacerme sentir sola, la seguridad de la Presencia de Dios es un sustento inigualable.

> *"Y yo rogaré al Padre, y os dará otro Consolador, para que esté con vosotros para siempre."*
>
> JUAN 14:16

EL DOLOR NO VIENE SOLO

Hay dolores que llegan sin aviso y otros que se quedan sin permiso. Y cuando el alma grita en silencio, lo único que se escucha es el eco del quebranto. Nadie más puede entrar ahí. Ni el aplauso ni la compañía humana ni el consejo bien intencionado. Hay zonas del alma donde solo una Presencia puede penetrar: el Espíritu Santo, el Paracleto. No se presenta con ruido. No llega con estruendo. Él se aproxima como el aliento de Dios que sabe dónde duele, cuánto duele y cuánto necesita ser sostenido.

"Jesús, sabiendo que el dolor sería inevitable para sus discípulos, no les prometió una vida sin lágrimas. Les prometió que alguien las secaría."

No ofreció caminos sin aflicción, sino compañía en el valle. Les dijo que no quedarían huérfanos, que no enfrentarían solos la oscuridad. Les habló del Paracleto: una palabra tan poderosa, tan íntima como divina, tan espiritual como terapéutica.

¿QUIÉN ES EL PARACLETO?

La palabra griega παράκλητος (paráklētos, Strong G3875) es traducida como Consolador, Abogado, Intercesor, Ayudador. Es una combinación de para (al lado de) y kaleō (llamar). **Es literalmente: el que ha sido llamado a estar a tu lado.**

No es simplemente alguien que te consuela emocionalmente, sino quien se pone al lado del que sufre para sostener, defender, hablar por él y animarlo a seguir caminando.

En la cultura grecorromana, un parakletos era un defensor legal, un amigo íntimo que acompañaba al acusado en los tribunales y también quien permanecía con los soldados heridos en batalla. Su presencia implicaba auxilio, cuidado y, sobre todo: presencia permanente.

Jesús usó esa misma palabra para decirnos: "No estarán solos nunca más. Yo me voy, pero otro de mi misma naturaleza vendrá y estará con ustedes… para siempre." Dejándonos saber que los momentos más difíciles jamás serán solitarios.

EL ESPÍRITU QUE NO SE VA

A diferencia de algunos amigos, familiares, hermanos y de aquellos que prometen estar incondicionalmente pero cuando las condiciones cambian se ausentan, algunos por temor a lo que vives, otros porque no saben qué hacer o qué decir como los amigos de Job y prefieren guardar silencio. Otros porque Dios los aleja para llevarte solo al desierto a moldearte, e incluso, tu cónyuge puede llegar a minimizar tu dolor porque nadie sabe mejor que tú lo que puedes estar sintiendo.

Y aunque muchos desaparecen cuando la prueba comienza, el Espíritu Santo no se ofende con tus lágrimas ni se aleja por tu dolor. Él no se incomoda con tu debilidad. Él no te exige fortaleza, te la imparte. Él no te juzga por quebrarte, se sienta contigo entre los pedazos para ayudarte a levantarte.

> *"En toda angustia de ellos él fue angustiado, y el ángel de su faz los salvó; en su amor y en su clemencia los redimió, y los trajo, y los levantó todos los días de la antigüedad."*
> ISAÍAS 63:9

Este es el testimonio silencioso del Paracleto: no solo ve tu dolor, lo siente contigo. Él no solo observa desde el cielo, camina en tu desierto. Él no llega después del sufrimiento, está desde antes para prepararte a tiempo.

Él vela mientras duermes. Hay noches donde el insomnio es más fuerte que el cansancio; donde la mente no se apaga y el corazón late como tambor herido. Y es en ese turno de la noche donde el Paracleto vela sin dormirse y cuando nuestras fuerzas se acaban podemos sentirlo ahí guardando nuestro sueño.

> *"He aquí, no se adormecerá ni dormirá el que guarda a Israel."*
> SALMO 121:4

Él es como el centinela silencioso que cuida la mente, que pone muros invisibles alrededor del alma, que susurra paz al corazón mientras las lágrimas mojan la almohada y aunque muchos piensan que en su proceso se acaba el mundo, creyendo que están solos, pero el Espíritu Santo está allí, respirando con nosotros, susurrando verdades, ordenando pensamientos, cuidando sueños.

En hebreo, una de las palabras más cercanas a la función del Espíritu Santo como consolador es "Nacham" (נָחַם – Strong H5162). Su raíz implica dar alivio, restaurar el ánimo, cambiar la disposición del corazón. Pero también tiene una dimensión de "cambiar de parecer", como quien le muestra a alguien una nueva perspectiva sobre lo que está viviendo.

Entenderás algo ahora que quizás antes no entendías. ¿Cuántas veces tiramos la toalla porque estamos tan rotos que no podemos sostenernos? Pero al pasar la noche, es como si hubiesen aplicado un bálsamo sobre las heridas y ya no sientes el dolor de la noche anterior ni te rindes. Algo te hace continuar por el mismo camino que dijiste no iré, seguir cuando dijiste no lo haré, recoger los guantes que lanzaste ¿De dónde crees que salen las fuerzas? De la Presencia del Espíritu Santo.

El Espíritu no solo nos consuela emocionalmente, también nos alinea espiritualmente. Nos convence de que el dolor no es pérdida, sino proceso. Nos recuerda que el quebranto no es el final, sino el umbral. Él no borra la memoria, pero sana la interpretación. Nos muestra la eternidad desde el abismo.

> *"Y de igual manera el Espíritu nos ayuda en nuestra debilidad…"*
> ROMANOS 8:26

La palabra griega para "ayuda" aquí es sunantilambanomai (συναντιλαμβάνομαι – Strong G4878), que significa "tomar parte del peso". Él no observa tu carga. La toma contigo. Por eso Jesús dijo venid a mí los trabajados y cargados, porque Él llevaría tus cargas para darte descanso y aliento.

Cuando todo parece sin sentido, el Paracleto trae de vuelta la memoria del propósito. Él no solo te recuerda las promesas de Dios, te da la fuerza para esperarlas. Él es el neuma (πνεῦμα) —el aliento de Dios— soplando sobre los huesos secos, reviviendo lo que parecía muerto, iluminando lo que estaba apagado.

> *"Y el Dios de esperanza os llene de todo gozo y paz en el creer, para que abundéis en esperanza por el poder del Espíritu Santo."*
> ROMANOS 15:13

Muchos tienen experiencias de haber entrado a orar cuando no se puede más y tras llorar, patalear e incluso quebrarse, pedirle a Dios por ayuda cuando te rindes y reconoces que no puedes manejar lo que estás pasando o sintiendo, el cambio tras este tiempo es indescriptible. La paz, las fuerzas, la calma mental, el silencio tras la confusión, esto solo sucede en la Presencia de Dios, por eso digo y afirmo: - Él fue, es y será… tu Consolador fiel.

SECCIÓN 2

LAS RUINAS DEL ALMA

*Cuando el alma se resiste a sanar vive
en las ruinas de sí misma, culpando
al mundo por sus escombros.*

PARTE 1

EL VICTIMISMO

El victimismo es una actitud en la cual la persona se percibe continuamente como víctima de las circunstancias, culpa a otros o a factores externos por su sufrimiento y desarrolla estas tres características: lucir siempre indefenso, nadie piensa en mí, a mí nadie me defiende. Yo no tengo a nadie que saque la cara por mí, una constante impotencia manifiesta, yo no puedo hacer nada, yo no sé qué hacer y una hipersensibilidad al hablar.

Estas son las personas que llorarán en cada frase para generar una empatía por medio del dolor, ya que respondemos más rápido a las lágrimas que a la lógica y nos esforzamos más en consolar que en producir un razonamiento lógico sobre la situación. Estas armas son primordiales en el modus operandis de una persona que se victimiza para evitar ser expuesto o que se descubra su responsabilidad en cierto asunto. Sus lágrimas serán un medio para desviar la atención de un asunto y redirigirla hacia su dolor en lugar de su responsabilidad.

Reconocerás a uno porque logrará escaparse, salir ileso y usará todo tipo de recursos para desviar la atención. Te interrumpirá para enfatizar en lo que ha sufrido o para ponderar con frases dónde sufrió ataques, ofensas. Así logrará que le des la razón en lugar de juzgar antes, el panorama completo. En un cristiano, esto puede incluir culpar a Dios, a la iglesia o a "los ataques espirituales", a los pastores y a los hermanos, sin asumir responsabilidad personal. Y aunque no negamos todo lo anteriormente mencionado, en algunos momentos habrá heridos y daños, pero en realidad estamos hablando de aquellos que encontrarán un culpable para terminar siendo siempre víctimas.

Una de las cosas que he aprendido a la hora de dar consejería y ministrar a las personas es a no apresurarme, dejar a las personas terminar su historia y mientras, oro para que el Señor me muestre lo que no se dice, lo oculto del alma. Muchas veces me equivoqué porque no pude reconocer a los que se victimizaban. El riesgo de terminar dándoles la razón a los que no la tienen es grande. Podemos ser manipulados sin darnos cuenta.

Muchos son los padres que en medio de una pelea no pueden identificar al hijo que se está victimizando mientras culpa a su hermano y los padres, más conmovidos por los gritos, las lágrimas, los alegatos que, por la razón, terminan corrigiendo al incorrecto.

José jamás hubiese llegado a ser gobernador de Egipto, a vivir el cumplimiento del sueño que Dios le entregó cuando solo era un adolescente si se hubiese victimizado y aunque le tocó una vida muy dura, ciertamente vemos a alguien que tuvo la capacidad de superarse a sí mismo sin culpar a sus hermanos por todo lo que había vivido.

Victimizarse impide avanzar, te detiene en el tiempo, se convierte en tu alimento, en la dieta de tu alma. Son personas que todo el mundo les conoce la misma historia porque es la única que sabe hacer. Siempre regresa a esa historia de dolor que le alimenta y genera una especie de lástima en otros. No me imagino a José en una cárcel haciendo su historia, rodeado de presos, que cada uno tenía la suya propia, quizás más difícil y fuerte que la que él había vivido o camino a Egipto cuando lo vendieron como esclavo y aprendió a sanar y hablar con Dios, a avanzar dejando atrás el pasado para no dejar de vivir lo por venir.

José no se ganó una posición en casa de Potifar por ser el adolescente sufrido, sino por ser un ejemplo de alguien que puede servir con excelencia. No se ganó el respeto del carcelero por ser el de la historia más injusta y la vida más sufrida, sino por su servicio. Escogió servir en lugar de llorar y esto le otorgó una posición especial en el corazón de todos.

Hoy hay muchos que su aparente crecimiento y posición se la ganaron por medio de la manipulación usando como herramienta la victimización frente a personas influyentes que lograron conmover con historias reales, pero no usadas como testimonio, sino como un medio de generar empatía, conexiones o alianzas almáticas.

UN REY VICTIMIZADO

Un rey que se victimizó fue Saul, aunque podemos ver que se llenó de celos y envidia, advertimos a la vez una actitud de victimización, muchas veces escogió victimizarse antes que responsabilizarse.

> *Entonces Saúl se enfureció, pues este dicho le desagradó, y dijo: Han atribuido a David diez miles, pero a mí me han atribuido miles. ¿Y qué más le falta sino el reino?*
>
> 1 SAMUEL 18:8

A medida que David ganaba popularidad, favor y crecía en reconocimiento, él interpretaba la canción de las mujeres como un desafío directo y comienza a acusar a los sacerdotes de un complot. Se presenta como víctima de una conspiración en su contra. Esto lo lleva a tomar medidas drásticas de persecución contra David. Logra influenciar por medio de su posición a los que le rodean, sembrando en ellos un enojo contra David también.

MINISTROS VICTIMIZADOS

Conocí hace tiempo una congregación que fue víctima de un pastor que amaba victimizarse en cada historia. Él tenía un excesivo mal genio, orgullo, arrogancia, altivez, legalista, amaba humillar desde el altar a las ovejas y en medio de la trasmisión en vivo nombrarlas directamente, señalarles y humillarles una y otra vez y luego hacer referencia que él es padre y corrige; y si alguien no podía manejar ese trato era porque le faltaba sujeción.

En esa manipulación no caían todos y muchos, heridos, se iban y luego desarrollaba un discurso de víctima: me traicionaron, me negaron, me abandonaron, cuánta ingratitud y ahí comenzaba su retórica enfocada en acusar a otros de infringirle dolor sin razón, pero jamás reconocía su responsabilidad y su mal genio como parte crucial del abandono. Son muchas las iglesias que no pueden crecer porque es imposible aguantar tantos maltratos.

Así conocí ministerios que ambos (los pastores) no tenían la misma estatura espiritual. Mientras el pastor que tenía un corazón de pastor, valga la redundancia, cuidaba, apacentaba, amaba; su esposa, la pastora era toda una mujer llena de inseguridades y con una gran bipolaridad e ignora sin razón a quien quiere, aun a su propio esposo (el pastor), les voltea la cara a todos y practica la continua humillación a las pocas ovejas que tienen.

Si alguien les pregunta por qué no crece la iglesia aparece la victimización. Estamos en un territorio difícil, aquí la gente no quiere buscar a Dios. Es que otros pastores nos roban las ovejas, pero jamás escucharás una responsabilidad personal. Es quizás el mal manejo, la informalidad, el desorden, la falta de desarrollo, la escasez en la Palabra o la ausencia de la Presencia de Dios. Cuando un pastor reconoce su falta de desarrollo personal y se desafía a mejorar y trabajar en su pastoreo, entonces habrá un cambio. Si reconocemos nuestras faltas en lugar de victimizarnos, comenzaríamos a crecer y cuando uno crece, juntamente crece la iglesia y el ministerio.

OVEJAS VICTIMIZADAS

Hace muchos años conocí a una señora que luego de un mensaje se acercó y me dijo -hoy entendí que fui yo quien en mi rebeldía me alejé de la iglesia, que mutilé el cuerpo de Cristo detrás de mi gran dolor, que moví gente de su lugar asignado cuando los manipulé con mi historia, pero que jamás les conté todo lo que yo hacía porque no podía verlo.

Cambié la percepción de muchos sobre los pastores que tuve y me creí víctima por décadas de un problema que, por lógica, jamás me di cuenta de que se repetía en diferentes escenarios, lugares, pastores. Al final había puntos en común; yo era rebelde y no lo veía. Solo veía la corrupción, las disciplinas, pero jamás mi responsabilidad. Oré por ella y le dije -esa convicción solo viene por medio del Espíritu Santo.

Como pastora he tenido que enfrentar en reiteradas ocasiones a muchos que se victimizan una y otra vez. Recuerdo, en especial, una linda mujer adulta; una mujer siempre dispuesta a ayudar, a colaborar, a quien Dios le hablaba, llena de títulos, cursaba y era parte de varias escuelas bíblicas, pero todo online, nada presencial. Cuando llegó a nuestra congregación algo no estaba bien. Nos dábamos cuenta de que siempre tenía algo qué decir que no era bueno; que se volvía incorregible en cada paso. La defino de la siguiente manera: no se puede pastorear. Se armó un caos y en poco tiempo había tenido problemas con muchos hermanos de la congregación, pero ella era solo la víctima. Encontraba la manera de convertir su error en una buena intención y una mala interpretación.

Un día entró a la oficina a ministración con una amiga. Con amor intenté explicarle que estaba amargada con una líder y que había tenido problemas con varios se alteró tanto, que se puso de pie, alzó la voz, gritó, se golpeó a los lados del cuerpo, le faltaba el aire y mientras su amiga y yo la contemplábamos preguntándonos por esta faceta que no era conocida, para ella en todos sus argumentos, le tenían el pie puesto encima.

Todos eran manipuladores, todos la envidiaban, nadie veía lo que ella hacía, nadie entendía o miraba su sacrificio. Comenzó a sacar en cara todo su servicio y minimizaba el resto. Una experiencia bien incómoda pero que no terminó ahí. Se fue diciendo al cabo del tiempo que yo la había maltratado, que la torturaba emocionalmente y psicológicamente. Logró amargar a los que coincidentemente tenían también algunas situaciones.

Buscaba cómo sembrar discordia. Llamaba y escribía y cuando no lograba convertirse en víctima con otros debido a sus argumentos, comenzaba a atacar diciendo que tenían idolatría porque no lograba hacer que murmuraran con ella. Trataba de sembrar dudas y nos culpaba de haber tenido que irse para poder estar protegida y se marchó de la congregación. Gracias a Dios solo dañan a los que fácilmente caen y no logran detectar a los que se victimizan.

Qué pastor no ha sufrido por estos embates de ser los malos en cada escenario donde se tuvo que disciplinar, corregir, limitar, poner orden o límites y apareció la justificación de los que se victimizan en lugar de responsabilizarse de sus errores.

Porque cada uno llevará su propia carga.
GÁLATAS 6:5

El victimismo puede ser una forma de idolatría encubierta, donde la persona se centra más en su sufrimiento que en la soberanía de Dios más en el que en nadie. Cuando Noemí se cambia el nombre y pide que le llamen Mara porque su amargura era grande, culpaba a Dios por lo que le había hecho. Ella no le dijo a nadie que estaba viviendo la consecuencia de las malas decisiones que había tomado tiempo atrás. En medio de un período de hambruna, la necesidad la impulsó a moverse y en lugar de abrazar responsabilidad por lo vivido culpó a Dios por lo perdido.

En la cultura actual, la postura de víctima está creciendo y es un comportamiento que a pesar de no ser moderno sí es progresivo y alarmante. Se exalta como una forma de identidad. Esto puede influir en los creyentes a buscar validación de sus sufrimientos, en lugar de buscarla en Cristo. No tener una comprensión del propósito del sufrimiento en el plan de Dios lleva a muchos a amargarse o a frustrarse una y otra vez.

Noemí, cuyo nombre significa "Mi dulzura o mi deleite" al pasar por las pérdidas devastadoras, pasa a llamarse Mara que significa amargura. Debemos aprender a reconocer las actitudes de victimización en nuestras vidas, tan sencillo como atribuirle despropósito a las cosas que Dios hace o culparlo directa o indirectamente de lo que nos esté sucediendo.

> *Y ella les dijo: No me llaméis Noemí, llamadme Mara, porque el trato del Todopoderoso me ha llenado de amargura.*
>
> RUT 1:20

Dios no piensa en dañar a sus hijos. Ningún padre lo hace. Cómo imaginar que aquel que diseñó un plan de salvación y ofrendó lo más amado, su Hijo precioso por nosotros, puede ofrecer a su amado por mí y pensar en hacerme mal. Si el sacrificio del Hijo fue para cortar el mal que merecíamos, ya que la paga del pecado es muerte. Vino a vencer la muerte para librarse de la condenación, toda la Palabra es un mensaje de bien y favor infinito hacia nosotros. Cómo entonces creer que Él nos hace mal. Muchas veces el mal nos alcanza por la vida que llevamos, pero aun así Él perdona, interviene y manifiesta su gracia (favor inmerecido) y todo amor (Juan 3.16).

LA CONSTRUCCIÓN DE UN VICTIMISTA

Muchas veces las personas que se sienten incapaces o insuficientes pueden adoptar el papel de víctimas para justificar su falta de acción y logros, un método de evitar las responsabilidades y el enfrentamiento de situaciones difíciles de las que no tienen el control; la necesidad de validación y atención, una profunda sensación no real de vacío que los lleva a usar la victimización como un medio para obtener simpatía o apoyo de los demás.

La incapacidad de soltar el pasado o sanar los hace prisioneros de lo vivido y les impide el avance; profundas heridas del pasado y conflictos internos del alma no resueltos, una visión en blanco y negro de la realidad, pueden hacer que una persona se vea a sí misma como víctima, sin reconocer su poder de decisión.

Un victimista se centrará siempre más en su problema e ignorará por completo las soluciones, incluso, llegarán a no importarle las salidas que le ofrezcas y cuando le des salidas creerán que estás en su contra o que no estás atendiendo su dolor; que no te compadeciste y que no prestaste la atención debida a su dolor. Sin embargo, cuando alguien se centró más en su dolor que en su responsabilidad, dirá que esa persona si le ayudó.

Es una escuela dolorosa conocer o convivir con personas victimistas; saber que jamás tendrás la razón frente a ellos y discutirán de cualquier manera hasta lograr obtener lo que buscan: atención, compasión, empatía y junto a esto una victoria para ellos. Aunque terminen llorando la victoria será saber que te desarmaron y lograron lo que quisieron.

Es difícil convivir con alguien para quien eres un elemento sin importancia pero que no hay más valor en ti que ese. Esas heridas solo Dios puede sanarlas y ayudarte a tener un alma fuerte para resistir tantos golpes emocionales de manera constante; entender que no puedes hacer nada por ellos, pero sí puedes ocuparte de ti. No puedes cambiarlos, pero tú sí puedes sanar por medio del Espíritu Santo.

Quizás mientras estás leyendo estas líneas vienen a tu memoria las veces que fue más fácil culpar a tu pastor, a un líder o un hermano de tu abandono o tu salida de la congregación, que de responsabilizarte por los errores cometidos. Las veces que preferiste contar las historias de las heridas en lugar de contar las glorias vividas. No estás leyendo esto por casualidad. El Espíritu Santo permitió que llegara este libro a tus manos para bendecirte sacándote de esa cárcel y renunciando a esa actitud.

PARTE 2

NARSICISMO

El narcisismo es una condición caracterizada por un amor desmesurado hacia uno mismo, un sentido exagerado de superioridad y una falta de empatía hacia los demás. Se manifiesta como un deseo de reconocimiento, poder y dominio, muchas veces disfrazado de espiritualidad o liderazgo. Podemos definirlo como un culto a la imagen.

Hablamos de una persona tan enamorada de sí misma que no puede amar a nadie más. Hoy que las redes sociales han crecido tanto y vale dejar claro que son un elemento importantísimo en la vida de muchos, también se volvió la herramienta que fomentó el narcisismo en aquellos que ya lo sufrían, siendo una de las enfermedades del alma más peligrosas en la actualidad.

Aunque toda persona tiene que pelear contra el orgullo que es producto del pecado, el narcisista no puede luchar contra esto ya que es incapaz de ver que el orgullo lo consume y *nadie tratará de erradicar un problema si no sabe que lo padece*. Un narcisista es una idólatra que se enamora de sí mismo, siempre hambriento de alabanza, de reconocimiento y educará a los que le rodean a darle palabras de aceptación para alimentar su idolatría.

Otra de sus características es la manipulación. Siempre manejará la conversación para que termine cada tema alrededor de sí mismo, exaltando sus proezas, logros, trabajo, pero jamás reconocerá el ajeno. Un narcisista será encantador con todos menos con los suyos. Lo reconocerás porque de una u otra manera su obsesión es causar una buena impresión de sí mismo, aunque esto implique humillar a los suyos.

Es alguien que exigirá mucho, pero dará poco y su poco jamás será igualable. Siempre simplifican o ignoran el sacrificio ajeno y esto produce una baja autoestima en su familia, sufrimiento, dolor, dudas, culpas a los que conviven con él, hundiéndoles, marcándoles para el futuro y sus generaciones siguientes.

Los narcisistas sonególatras incorregibles, vanagloriosos. Estas personas no pueden reconocer autoridad espiritual ni familiar. Todo lo manejarán como envidia, ataque, injusticia. Un narcisista cuando termina una reunión buscará y revisará en su mente una y otra vez cada detalle hasta encontrar un elemento para decir que le atacaron, que le ofendieron o simplemente que no le reconocieron. Para ellos todo gira a su alrededor. Siempre justificarán sus acciones.

El narcisista busca de alguna manera si quedó o lució mal en algún sentido para justificar su enojo; si no sobresalió o si no se le reconoció. Es el tipo de persona que siempre quedará inconforme. Un esposo narcisista estará destruyendo a su cónyuge. Un padre narcisista les hará gran daño a sus hijos, pero un cristiano o líder narcisista destruirá y se volverá un estorbo en la obra de Dios, porque será inestable en cualquier lugar que se encuentre. Es fácil reconocerlo porque siempre tendrá problemas con las autoridades superiores a él, aunque jamás se lo dirá a ellos, pero a los cercanos le expresará su gran disgusto al respecto.

La palabra de Dios presenta diversos ejemplos de personajes con tendencias narcisistas, que muestran las consecuencias de su egocentrismo y de cómo esto afectó su entorno y su relación con Dios; así como el dolor que le causa a los que le rodean e impide el desarrollo entre sus convivientes que sufren los estragos de esta patología. Los narcisistas no admiten críticas. Para ellos los señalamientos son ataques a su persona en lugar de a sus actitudes y siempre encontrarán una manera de hacer ver mal a los que le rodean para poder brillar.

EL QUERUBÍN NARCISISTA

Uno de los primeros ejemplos de narcisismo en la Escritura es Satanás. Se describe su caída debido a su deseo de ser exaltado por encima de Dios.

Su sentido exagerado de superioridad lo llevó a sentirse igual o semejante a Dios y, por ende, su corazón se llenó de maldad.

> *Pero tú dijiste en tu corazón: "Subiré al cielo, por encima de las estrellas de Dios levantaré mi trono, y me sentaré en el monte de la asamblea, en el extremo norte.*
>
> ISAÍAS 14:13

> *"Subiré sobre las alturas de las nubes, me haré semejante al Altísimo."*
>
> ISAÍAS 14:14

Cada vez que pensaba en elevarse, que en su corazón meditaba en ese pensamiento, crecía dentro de él la maldad. Se incubaba el narcisismo y con esta serie de pensamientos y sentimientos que fueron poco a poco modificando sus intenciones, anhelos, sueños, deseos, hasta llevarlo a su caída.

En lugar de llevar a la creación a adorar a Dios, él quería la atención que le pertenecía a Dios. No podía manejar que hubiese alguien por encima

de él, manipuló a la tercera parte y provocó un caos en el cielo.

El rey egocéntrico

Nabucodonosor el rey a quien Dios prospera pero que se jactó de su grandeza y Dios lo humilla haciéndolo vivir como una bestia hasta que reconoce que el poder y la gloria pertenecen a Dios.

> *"¿No es esta la gran Babilonia que yo edifiqué para casa real con la fuerza de mi poder, y para gloria de mi majestad?"*
>
> DANIEL 4:30

La sanidad de un narcisista depende de un proceso de humillación extremo. Por muy doloroso que sea para él o su familia es lo único que puede llevarlo al arrepentimiento. Es fácil leer que el gran Rey de un gran imperio fue bestia por siete años. Pero imaginemos por un momento el dolor de la esposa, la ausencia en tantos eventos importantes, su cama vacía porque el rey no podía dormir con ella.

Su hijo quien reinó después de él viendo la silla de papá vacía porque no viene a comer, cambió por completo la atmósfera de la casa, del reino funcionando sin su rey, las reuniones de un imperio sin su rey. Estos siete años le mostraron que no era imprescindible, que todo funcionaba en su ausencia y su humillación lo llevó a darle la gloria a Dios.

Nabucodonosor nos muestra un área de los narcisistas que no pueden ver el trabajo de otros, solo el de ellos. Es tan fácil comenzar a identificar aun en nosotros mismos, cuando el orgullo comienza a dejar de ser tratado y comienza a mutar hasta volverse narcisismo. Cuando en las historias se usa de manera sutil, directa o indirecta de forma excesiva el YO, no existe un reconocimiento a otros, si está frente a personas que han logrado algo, tratarán de mostrar que han tenido ayuda, que no lo han hecho ellos solos.

Cualquier logro en otros parecerá una amenaza personal. Jamás verán a otros como inspiración, sino como una competencia a ellos mismos a pesar de que no estén ni siquiera en la misma área de desarrollo o trabajo. Este rey nos muestra que el único que puede currar este padecimiento es Dios y su recurso será un gran proceso de humillación. Muchos son los que se quejan contra los procesos de Dios sin entender el por qué.

EL MINISTRO NARCISISTA

Cuando hablamos de ministros lo primero que debe venir a nuestra mente es humildad, hombres mansos, sujetos a Dios y a su autoridad, personas que están dispuestas a ser moldeadas en todo momento para llegar a alcanzar la medida del varón perfecto. No cabe en la visión del Evangelio que exista narcisismo en quien sirve a Dios, pero a pesar de que es algo inconcebible, es posible y triste de experimentar.

> *Escribí algo a la iglesia, pero Diótrefes, a quien le gusta ser el primero entre ellos, no acepta lo que decimos.*
>
> 3 JUAN 1:9

> *Por esta razón, si voy, llamaré la atención a las obras que hace, acusándonos injustamente con palabras maliciosas; y no satisfecho con esto, él mismo no recibe a los hermanos, se lo prohíbe a los que quieren hacerlo y los expulsa de la iglesia.*
>
> 3 JUAN 1:10

En un pasaje tan corto no pasa desapercibida la actitud narcisista de Diótrefes, a quien le gustaba ser el primero. Esto lo llevaba a inventar historias con malicia que dejaran en mal a los apóstoles y a las autoridades de la iglesia. Y esto aun no lograba satisfacerle, siendo piedra de tropiezo para muchos hasta que llegaba a expulsarlos de la iglesia, lo que nos permite ver que los narcisistas se convierten en una piedra de tropiezo.

Pero al llegar a ser líderes, su actitud, se convierte en una herramienta de las tinieblas para sacar gente de la iglesia y jamás se harán responsables de sus acciones, sino que encontrarán un defecto en todos aquellos con quienes tienen problemas, sin aceptar corrección ni señalamiento y estar muy lejos del arrepentimiento.

EL NARCISISMO RELIGIOSO

Jesús confronta a los fariseos por su hipocresía y su deseo de reconocimiento. Ellos no podían admitir que alguien tuviese una doctrina diferente a la que tenían ni tampoco con una unción fresca o diferente, que de pronto las multitudes, el pueblo, hablara de Jesús más que de ellos. Que alguien más representara una amenaza para su reino, exponía su débil liderazgo basado en una posición, mas no en una condición. El narcisismo religioso está siendo evidenciado en gran manera ante la presencia de un liderazgo genuino.

> *"Todas sus obras hacen para ser vistos por los hombres; ensanchan sus filacterias, y extienden los flecos de sus mantos; y aman los primeros asientos en las cenas, y las primeras sillas en las sinagogas, y las salutaciones en las plazas, y que los hombres los llamen: Rabí, Rabí."*
>
> MATEO 23:5-7

La hipocresía espiritual la podemos ver desde el antiguo testamento. Estos fariseos usaban cualquier recurso para atacar lo genuino. Y es que el narcisismo no tolera lo genuino ya que construyen siempre una imagen falsa para lograr lo que sea que quieran y es tan así que consiguen hacer que Judas traicionara a Jesús y lo vendiera por unas monedas. El narcisismo religioso es duro, actual y creciente, y siempre encontrará a otro igual o semejante para hacer alianzas, con el fin de destruir lo que vea como competencia.

Es fácil reconocer a los mismos por su deseo de reconocimiento y títulos, manipulación de la ley para beneficio propio. Algunos líderes cristianos caen en la trampa del narcisismo al buscar la fama y el reconocimiento en lugar de la humildad y el servicio. El uso del Evangelio como plataforma personal para dar a conocer a alguien más que a Cristo, en pláticas privadas hablar más de uno mismo que de Dios, la falta de rendición de cuentas, por eso huirán de lugares donde hay un genuino liderazgo o la manifestación de la Presencia de Dios.

El cristianismo moderno a menudo ha sido infiltrado por un mensaje que exalta al individuo en lugar de a Dios, predicaciones que enfatizan "tus sueños, tu propósito, tu éxito" sin considerar el sacrificio y la obediencia.

La mayor consecuencia del narcisismo es la separación de Dios, ya que en su palabra se ve que Él rechaza al altivo, al arrogante, al orgulloso. Dios no acepta lo que Él mismo rechaza. La mentira más grande de alguien atado, es creer que Dios acepta lo que en su Palabra deja claro que no es parte de Él.

> *Antes del quebrantamiento es la soberbia, Y antes de la caída la altivez de espíritu.*
>
> PROVERBIOS 16:18

Hay una salida para esta enfermedad del alma: La Humildad de Cristo, el ejemplo de Jesús quien, a pesar de ser Dios, se humilló a sí mismo, en lugar de buscar una posición de ser mirado, alabado, reconocido. Mejor es cuidar mi condición como hijo de Dios.

> *"Haya, pues, en vosotros este sentir que hubo también en Cristo Jesús, el cual, siendo en forma de Dios, no estimó el ser igual a Dios como cosa a qué aferrarse, sino que se despojó a sí mismo, tomando forma de siervo, hecho semejante a los hombres; y estando en la condición de hombre, se humilló a sí mismo, haciéndose obediente hasta la muerte, y muerte de cruz."*
>
> FILIPENSES 2:5-8

No hay una mejor manera de sanar y ser libre de esto que vaciándome a mí mismo, de manera voluntaria, imitando al Apóstol Pablo y teniendo todo por basura, sin tener una sobreestima de mí y por supuesto, sin tener a nadie en poco, reconocer lo que Dios les ha dado a otros.

Ahora, si eres víctima (porque no hay otra forma de definirlo) de un narcisista, te toca orar y con sabiduría actuar y ahora conociendo cómo operan, no dejar que bajen tu estado de ánimo y te tomen por poco, implementar un lenguaje en plural y eliminar el lenguaje en singular, dejar de alimentar el ego ajeno y darle el justo reconocimiento a cada uno.

PARTE 3

DAÑO COLATERAL

Hace un tiempo decidimos hacer un trabajo en el patio de la casa. Esto implicaba una gran labor: mover tierra, colocar un piso externo para la lluvia y la tierra, cambiar la cerca que estaba dañada. Ciertamente esto provocó un movimiento grande de trabajadores y recursos que a corto plazo dañó la hierba de nuestra vecina y de alguna manera afectó una pequeña parte del frente de su casa. Ella súper enojada, un día luego de salir en dos ocasiones en que no nos percatamos porque no estábamos en casa, bajo un extremo enojo, salió, puso un cordel y delimitó su propiedad.

Mentiría si digo que no me molestó, porque así fue. Días después, al pasar por el frente de su casa noté el perjuicio que le habíamos provocado; era un daño colateral de nuestro proyecto y sueño. Ella no tenía por qué verse afectada por lo que nosotros hacíamos. Cuántas veces dañamos a otros de igual manera porque creemos que perseguir nuestros planes o metas nos dan la licencia de dañar a otros y seguir sin darle la mayor importancia al asunto.

Las decisiones y acciones que tomamos no solo nos afectan a nosotros, sino también a quienes nos rodean. Podríamos llamarlo como al efecto dominó, que al mover algo, todo lo que está conectado o interconectado se verá afectado tanto a corto como a largo plazo. Yo lo llamaré "daño colateral", término usado como justificación para los daños inmediatos a algo más.

Cuando un ejército o grupo tenía una misión del tipo que fuera: rescatar, invadir o eliminar a un enemigo y había víctimas, aunque se lograra la misión, eran justificadas como daños colaterales. Traduzco al lenguaje sencillo y actual; como logré lo que quería, no me importa lo que pasó. La mentalidad egoísta que se ha desarrollado y que va en aumento, ha dañado mucho la visión de lo que somos y hacemos.

Cada día el pensamiento egoísta avanza más y destruye más familias, economías, iglesias y ministerios. Así como esto afecta en lo físico también lo hace en el ámbito espiritual y emocional. Este término trasciende los límites de las guerras y conflictos físicos y se adentra en los terrenos delicados de las relaciones humanas, las emociones y el propósito divino.

En la Palabra del Señor encontramos múltiples ejemplos donde las decisiones de una persona impactan profunda y, en ocasiones, devastadoramente a otros. La Escritura no esconde las consecuencias de los actos humanos, revela cómo el dolor puede extenderse más allá del individuo y toca familias, comunidades e incluso generaciones enteras.

Eva fue tentada, pero el daño colateral alcanzó a sus descendientes, quienes nacieron sin experimentar el huerto. Estos solo escucharían historias de un lugar que perdieron y que ahora no podrían darles a sus hijos.

SIN PENSAR EN OTROS

El libro de Job nos muestra la historia de un hombre íntegro que enfrentó pruebas extremas. Sin embargo, rara vez reflexionamos sobre el dolor de quienes lo rodeaban, especialmente su esposa. Ella perdió a sus hijos, su estabilidad y la seguridad emocional que su esposo representaba. Su famosa frase:

"¿Aún retienes tu integridad? ¡Maldice a Dios y muérete!"

JOB 2:9

Revela no solo su desesperación, sino también el peso insoportable del daño colateral que estaba enfrentando. Aunque es fácil decir que ella no estaba a la altura y que se expresó mal, es necesario dejar claro que, aunque el proceso era de su esposo Job, ella tenía que pasarlo y soportarlo junto con él. Aunque a Job le llegaron amigos a consolarlo, ella no tenía a nadie que viniese a darle fuerzas. Cuando todo pasa llega la familia de Job mas no para ella.

Cuántas veces en medio de un pensamiento egoísta nos olvidamos de que ningún proceso se pasa solo. Siempre habrá personas que sufrirán contigo el luto, el dolor, el pesar, la depresión, la angustia, la ansiedad. Cuando hay un proceso de pérdidas, muchos dicen -YO LO PERDI TODO, pero olvidan que hay otros que tienen que resistir el hambre y también limitarse a todo para pasar el proceso contigo, pero muchas veces olvidamos el dolor de los que nos rodean.

Un día un hombre al punto del colapso emocional en la sala de su casa, comenzó a gritarle a su esposa sin control ninguno cuando ella le pedía para poder comprar pan. Este, bajo la histeria que lo abrumaba comenzó a reclamar e intentar hacerle conciencia de la necesidad en que vivían -sabes que no gano bien, que no tengo dinero, que no puedo más, que tengo dos y tres trabajos, que apenas duermo, que no es suficiente, que no tengo fuerzas y me pides aun.

Ella cae de igual manera bajo un colapso y le responde -te olvidas de que tienes cinco hijos. Hablas de tu necesidad, pero olvidas que mientras tú tienes varios trabajos yo cubro toda la casa. Mientras tú trabajas yo paso hambre, tus hijos pasan hambre e ignoras que hay más personas además de ti. Mientras tú buscas el dinero yo le doy la cara a los acreedores, lavo y plancho para ayudar a pagar la luz. NUNCA HAS SIDO SOLO TÚ. Y de esta manera lo hizo despertar de su ahogamiento en su vaso de agua. La mentalidad egoísta ignora que otros colateralmente sufren tus procesos y que pasan desiertos contigo, incluso sin ser parte de estos.

El sufrimiento no fue solo de Job. Su esposa quedó atrapada en la angustia de ver al hombre que amaba deteriorarse física y emocionalmente. Muchas veces, en nuestras crisis, olvidamos que otros también cargan con nuestro dolor. El sufrimiento de Job fue una prueba personal, pero el impacto fue colectivo. El dolor puede cegar nuestro entendimiento del daño que otros sufren en silencio. Así como la esposa de Job se sintió desbordada por la situación, muchas personas cercanas a nosotros también pueden estar luchando con el peso de nuestras propias pruebas.

DESENFRENO EMOCIONAL

Otro ejemplo profundo del daño colateral se ve en el momento en que David es dominado por su curiosidad o pasión descontrolada; y aun sabiendo quién era ella la toma como suya, sin calcular jamás cómo lidiaría con todo lo que ocurriría, luego de ese momento.

> *Y sucedió un día, al caer la tarde, que se levantó David de su lecho y se paseaba sobre el terrado de la casa real; y vio desde el terrado a una mujer que se estaba bañando, la cual era muy hermosa.*
>
> 2 SAMUEL 11:2

> *Envió David a preguntar por aquella mujer, y le dijeron: Aquella es Betsabé hija de Eliam, mujer de Urías heteo.*
>
> 2 SAMUEL 11:3

Urías era un valiente, alguien que peleaba por su rey. Había dejado a su esposa en casa para cumplir con su función. Cómo mirar a la cara a quien pelea por mí. Era una deslealtad deliberada la de David, que se complicaba por horas, tratando de encubrir el daño, mandando a matar a Urías y luego viendo morir un hijo producto de este pecado. Las consecuencias no terminaban ahí, ya que hasta lo vivido con Absalón tenía que ver con todo este asunto. David sabía que estaba viviendo los daños colaterales de su desenfreno.

Cuántos hoy, en un desenfreno de pasión por una mujer o un hombre se justifican fácilmente por la crisis que tienen en casa, terminan en la cama con otro u otra, hasta abandonan su hogar y destruyen familias, sin hacer una hoja de cálculo de las pérdidas reales que provocarían en otros. Cuántos hijos han sido dañados por los padres que jamás pudieron decir no a su carne y terminaron siendo abandonados o asilados, tanto por un padre que no quería contacto con la madre, como una madre que quería castigar al padre. Pero el daño colateral jamás se evalúa o se maneja.

Hijos que tuvieron que lidiar con la escasez que de pronto llegó al irse el proveedor y ahora la madre necesita trabajar más porque no tiene cómo cubrir todo; o aparece un hombre nuevo porque no se puede con las cargas y el vacío, se añade una persona extraña a quien se le exige amar a los pequeños que están lidiando con un conflicto emocional.

Muchos abusos sexuales a menores ocurren como un daño porque algo se salió de lugar, un tío, abuelo, primo que de pronto debe de cuidar porque ya las cosas no son como antes. Pensemos en las historias contadas desde el punto de vista de cada uno sin jamás poner las cosas en una balanza. Los divorcios aumentan porque la mentalidad egoísta pone la emoción personal como la cúspide de todo problema, pero cambiaría si se pensara en el dolor ajeno.

Conozco un padre que le contaba a sus hijos una y otra vez la misma historia. Su madre los llevaba a ustedes a la policía, los acostaba sobre una mesa para que me obligaran a darle el dinero, pero la verdad era para hacerme daño porque ya no estábamos juntos y yo tenía a alguien más; pero ella era maligna, mentirosa y él tenía que responder e ir a la policía por las denuncias de ella.

Qué dura esa parte ciertamente. Pero les cuento la otra parte, la versión de ella. Su padre tenía dinero, andaba tomando, bebiendo con amigos, en fiestas, en la playa, gastando todo mientras ustedes no tenían qué comer. El dinero que debía ser de ustedes porque no había, ahora lo desperdiciaba con otros. Ustedes no tenían zapatos, ropa, comida ni una buena casa. Se mojaba el cuarto donde dormían, sin cocina ni baño porque la había echado de la casa, la dejó a la deriva y se quedó con todo lo que habían construido juntos.

Ambas historias, oídas sin pesarlas, serían impactantes hasta que evalúas los daños colaterales. Quiénes sufrían los constantes pleitos, la ausencia de un padre, no ver a la madre, las historias de la madre que una y muchas veces hablaba mal de él. Quiénes vivían en la pobreza y escasez teniendo un padre con tanto. Quiénes pasaban los días en la policía para hacer presión y lograr sacarle algo a quien debía darles provisión.

Quién pensó en el dolor de los niños que crecieron sufriendo los daños colaterales de aquel divorcio, las guerras, el oído, la depresión de una mujer despechada que luego de haber sido amada y darle hijos, ahora era sustituida por otra. La frustración de tener que ser padre y madre porque ahora había una ausencia en los roles del hogar, económicas y emocionales.

Esta es la realidad de miles de niños que sufrieron los daños colaterales del pensamiento egoísta que cada día destruyen hogares y dejan grandes heridas y secuelas en los más pequeños de casa.

David, a pesar de ser un hombre conforme al corazón de Dios, tomó decisiones que tuvieron consecuencias devastadoras para su familia. El pecado con Betsabé y el asesinato de Urías marcaron un punto de quiebre en su linaje.

El profeta Natán advirtió a David:

"Ahora, pues, no se apartará jamás de tu casa la espada, por cuanto me menospreciaste"

2 SAMUEL 12:10

La rebelión de Absalón fue el fruto amargo de una herida generacional. Absalón, resentido y herido por la pasividad de su padre ante la violación de su hermana Tamar, se distanció emocionalmente hasta el punto de rebelarse abiertamente contra su padre David.

Otro daño colateral que se manifestó en la desconexión emocional, el resentimiento y, finalmente, la tragedia. David, aunque amaba a su hijo profundamente, se encontró en una guerra contra su propia sangre. El clamor desgarrador de David cuando se entera de la muerte de Absalón —"¡Hijo mío Absalón! ¡Hijo mío, hijo mío Absalón! ¡Quién me diera haber muerto yo en tu lugar!" (2 Samuel 18:33)— revela el costo emocional de las decisiones mal tomadas.

EL MINISTRO REBELDE

Jonás tenía un llamado, pero una gran rebeldía y decide ir en sentido contrario a donde Dios le manda. Tarsis era su destino, no le importaba ni el llamado ni la asignación divina, ni mucho menos el trato con Nínive. Su criterio egoísta lo hace tomar una barca y huir o al menos ese era su plan.

> *Y le dijeron: ¿Qué haremos contigo para que el mar se nos aquiete? Porque el mar se iba embraveciendo más y más.*
>
> JONÁS 1:11

> *Él les respondió: Tomadme y echadme al mar, y el mar se os aquietará; porque yo sé que por mi causa ha venido esta gran tempestad sobre vosotros.*
>
> JONÁS 1:12

Todos en el barco sabían que la tormenta era el daño colateral de su escape de la voluntad de Dios, pero a Jonás no le importaba esto. En su actitud negativa prefiere el bravo mar que la obediencia. Cuántos hay que no comprenden la inestabilidad y el riesgo al que exponen a los que les rodean cuando entran en rebeldía. Acaso los que dividen, se amargan, murmuran, alguna vez han pensado en el daño ocasionado a los demás, a los más pequeños de la iglesia -NO, porque el pensamiento egoísta no piensa en el alma ajena, sino en él solamente.

Una persona muy cercana para nosotros, no solo como líder sino como empleado de la casa a quien habíamos amado, acogido y tratado como familia, cae en una gran falla y nos dividió la iglesia. La murmuración y la mentira afectaron la percepción de muchos sobre nosotros y claro, cómo no creerle a quien vive, convive por años con los pastores. Nadie les conoce como ellos. Así que no fue difícil que sus mentiras caminaran sin freno en varios hogares de servidores de la congregación.

El dolor experimentado fue tan grande que terminé en el hospital con un fuerte dolor en el pecho. Era demasiado para mí. Me decía una y otra vez que de ellos jamás lo imaginé. Fue como si Dios hubiese quitado la alfombra bajo la cual se guardaba una gran montaña de engaño, mentira, murmuración y mientras nos besaban, a la vez nos apuñalaban.

La parte más dura fue cuando años después, mi hija Lesly, un día le dijo a una hermana de la iglesia a quien le ayudamos mucho - ¿tú vas a regresar verdad? ¡No me hagas como me hizo _____! Quedé desarmada. Mi hija fue marcada por las mentiras de una oveja que un día le dijo -yo regreso, pero era mentira, porque tenía todo planeado. Sabrás que los que dañan a los pastores, un día le darán cuenta a Dios por los daños colaterales que sus rebeldes e indomables almas, le han ocasionado a los más pequeños del Reino.

"He aprendido a llorar en lo secreto y a reír en público."

Cuando algo no le gusta a una oveja siente que tiene todo el derecho de quejarse abiertamente, hacer cuanto gusta y luego de envenenar a muchos con sus versiones de víctimas, se van dejándolos en conflictos de ideas dentro de la congregación o queriendo arrastrar a otros con ellos, para dañar la iglesia o sentir respaldo a sus acciones.

Somos muchos los pastores que sufrimos traiciones, maldades, murmuraciones, por la falsedad, el enojo, los gritos de las ovejas, pero nosotros no podemos responder igual, jamás será igual. El grito de la oveja herirá al pastor. El grito del pastor herirá el testimonio de Cristo.

EL DAÑO DE LA PARTIDA

El pródigo decide irse cuando sus bolsillos estaban llenos. El impacto de una herencia no pudo ser manejado con prudencia, sabiduría o sensatez. Decide irse, pero sin despedirse, por la puerta de atrás, en secreto.

> *No muchos días después, juntándolo todo el hijo menor, se fue lejos a una provincia apartada; y allí desperdició sus bienes viviendo perdidamente.*
>
> LUCAS 15:13

Es fácil hablar del pródigo que regresa, del hijo mayor que protesta al escuchar de la fiesta, pero hay un espacio en la historia que muchas veces no calculamos: el daño colateral de su partida. ¿Quién quedó en su lugar? ¿Quién tuvo que asumir sus responsabilidades? ¿Quién consoló al padre por días, semanas o meses tras la partida del hijo menor? Ahora las finanzas de la casa estaban afectadas. Una parte que podía ser invertida para que creciera, ahora era una carencia en el capital de la casa. Por eso el hijo mayor estaba consternado con la fiesta.

Cuántos pródigos regresan a la iglesia luego de su partida y aunque reciben un abrazo del pastor al que hirieron, muchos no comprenden el rechazo o la distancia de algunos hermanos que sufrieron los daños colaterales de su apresurada, inmadura e incorrecta partida. Algunos osan reclamar y decir – el amor de Dios no está en ellos.

Hace algunos años estaba en una congregación ministrando cuando se me acerca una oveja con lágrimas, pero con una actitud victimista a decirme que en su iglesia faltaba amor. Se había apartado por la vergüenza del pecado y cuando regresó, al año, no la trataban de igual manera -Ellos no saben amar y recibir a los pródigos. Recuerdo que le dije: -¿y dónde estaba tu amor por la novia de Cristo cuando decidiste irte, te despediste de ellos? ¿Entregaste e hiciste la correcta transición de tu función dentro del cuerpo antes de irte? ¿Hablaste con algunos de ellos mal de los pastores? Manifiesta tú, el amor que les exiges y muéstrales tu amor sin exigirlo. Demuestra que eres algo diferente y sé paciente. Estás enfrentando las consecuencias de una partida y la reintegración siempre toma tiempo.

El pensamiento egoísta de muchos pródigos es así, lleno de expectativas de recibir lo que nunca dieron, de cosechar el respeto que no sembraron, el amor que no manifestaron y no tomar el lugar de otros, sino exigir el lugar al que renunciaron.

Cuántos hijos abandonan la casa sin despedirse o sin previo aviso o notifican el mismo día su partida. Algunos dejan una nota, como si eso cubriera todo lo recibido. Cuántos dejan la casa de sus padres en rebeldía y complot con sus amigos, quizás con el primer sueldo o con una falsa expectativa de vida, creyendo que eso es libertad; cuando solo es una acción que desencadenará consecuencias a largo plazo, ya que Dios no respalda la deshonra.

El que tiene intentos suicidas o llega a suicidarse, jamás entenderá el dolor que deja tras su acto… de los padres, la esposa o esposo, los hijos, hermanos, amigos. Recuerdo cuando hablé en una ocasión con una persona que tenía varios intentos suicidas. Se cortaba las venas y la salvaban. Al tiempo se empastillaba, le hacían lavados estomacales y la salvaban. La internaban en clínicas, rehabilitación y tan pronto tenía la posibilidad, volvía a intentarlo.

Tas el gran desespero de su madre accedí a hablar con ella y mi primera pregunta fue: - ¿por qué? No quiero trabajar, mami me sofoca porque quiere que yo trabaje. Me presiona para limpiar mi cuarto. Yo no puedo más con tanta presión. Ella tenía alrededor de treinta años y recuerdo haberle dicho -¿tú sabes qué es un problema? En realidad, tú no quieres morirte, solo estás manipulando a tu mamá.

Cuánto sufren los padres ante las actitudes egoístas de sus hijos; luego cosecharán sus acciones en los hijos propios y será entonces que comprenderán el dolor causado.

CAUSANDO EFECTO

Miremos por un momento la historia de los evangelios desde otro ángulo. Qué hubiese pasado si Jesús hubiera sido egoísta. Cómo ir a la cruz si los que venía a salvar, liberar, sanar, no lo recibieron. Una mentalidad egoísta diría -donde no me quieren no voy, donde no me llaman no llamo, al que quiera saber de mí que me busque. Mas Él fue tras la samaritana, conversó con la sirofenicia, se quedó en casa de Zaqueo, buscó al gadareno, sanó a los leprosos, fue tocado por la mujer inmunda del flujo de sangre.

Nada de esto hubiese ocurrido si no fuera por su amor perfecto. Dejó a todos los que no estaban dispuestos a dejar nada y vino a buscar a los que no buscaban a Dios. Compartió mesa con el traidor de Judas sabiendo que este lo entregaría y tenía cerca a Pedro sabiendo que este lo negaría o consciente de que el día de su resurrección tan profetizada, nadie lo esperaría.

"No permitas que tu dolor llegue a nublar la importancia de tu asignación."

Si nuestro Señor Jesús hubiese tenido mentalidad egoísta no se hubiera entregado. No nos hubiera justificado. No habría intercedido por nuestro perdón ante el Padre. No hubiera guardado silencio ante tantas humillaciones. No cargaría la maldad de la humanidad volviéndose indigno por amor a nosotros. Jesús debería ser la estatura anhelada y para parecernos a Él también deberíamos renunciar a la mentalidad egoísta, que muchas veces nos persigue porque nos la sembraron desde la niñez y las situaciones que enfrentamos en la vida, la riegan para hacerla florecer.

Debemos montar una batalla contra estos sentimientos y pensamientos que dominan nuestras actitudes y nos alejan del llamado, propósito y asignación. Jesús pensó primero en nosotros antes de pensar en Él y fue eso lo que manifestó desde el principio cuando renunció a todo y no se aferró a nada. Porque pensar, amar y planear la salvación de la creación, cuando esta le fallaba y le daba la espalda una y otra vez, demostró que no era egoísta, porque el Padre entregó a su Hijo por los que amaba.

Jesús no causó un daño, al contrario. Él fue el efecto perfecto en todos. Desde el ladrón en la cruz hasta los soldados que contemplaron lo que le sucedió tras expirar; los que cuidaron por orden romana la tumba, los que lo vieron resucitar, los que lo vieron ascender, los que caminaron junto a Él.

EL CÍRCULO CERCANO

Aunque mucho sufrió el Maestro, también hubo un pequeño grupo que sufrió durante todo su proceso final para cumplir con el plan perfecto. Incluso en el ejemplo perfecto de obediencia y amor, encontramos daño colateral. El cielo tenía la ausencia del Hijo, el Padre lo miraba desde lo alto sufrir penalidades por amor a nosotros, pero en la tierra el sufrimiento de Jesús en la cruz no solo fue su carga personal; sus discípulos, su madre y aquellos que lo amaban también llevaron ese peso emocional.

> *María, al pie de la cruz, sintió en su carne la profecía que Simeón le había dado cuando Jesús era un bebé: "Y una espada traspasará tu propia alma"*
>
> LUCAS 2:35

La elección de María también incluía la fuerza para enfrentar la cruz y ofrendar allí lo que cargó en su vientre, educó, amó y cuidó. Aunque era solo un instrumento elegido por Dios, ella experimentó un dolor profundo. No obstante, el sufrimiento de Jesús tenía un propósito redentor, le seguía doliendo y para ella seguía siendo incomprensible.

Cuando se ve un ministro, generalmente muy pocos piensan en el círculo cercano que le rodea, padres, cónyuges, hijos. Hay un gran grupo que rodea al ministro (Ef4:11) que tienen que ver al rebaño patear, morder, dañar y traicionar. El pastor no puede quejarse mientras que los demás se llenan de quejas. Cuando algunos deciden irse por cualquier situación emocional, el pastor tiene que permanecer a pesar de querer huir. El círculo cercano sufre tanto el dolor como el que fue llamado. Es la esposa quien consuela, los hijos los que guardan en silencio lo mal que paga el pueblo.

Muchos de los que se han apartado es debido al daño colateral de la presión ministerial. La pobreza que a veces se enfrenta para que la obra prospere. Cuando termina el culto todos van a la casa, pero el pastor se lleva las cargas de ver cómo termina el mes, cómo paga las cuentas, cómo construye casa a Dios, el desamor de muchos y la lista de los sufrimientos colaterales aumenta.

Si los hermanos se enferman todos esperan que los pastores estén ahí como médicos de cabecera. Si el pastor se enferma seguirá en el altar, pero no tendrá a nadie preocupado por él. Sufren la ausencia de vacaciones, una vida social limitada a las actividades eclesiásticas, además de que terminan siendo organizadores, coordinadores y servidores. La vida fuera del púlpito es pesada y agotadora, por eso se debe pensar antes de ser usado por las tinieblas para dañar a un ministro.

"He aprendido a llorar en secreto y a reír en público."

Como pastora me he esforzado por cuidar el corazón de mi casa, de mis hijos, de mostrar lo mejor de la obra para cubrir las situaciones que ellos pueden ver. He decidido ser el efecto que muestre en ellos pasión y amor más que decepción por las cosas que hemos vivido. Nos han visto bendecir un pueblo día tras día y no trasladarles jamás decepción. Nos oyen agradecer a Dios por cada uno de los que nos rodean.

SIN PENSAR EN OTROS

En manos de los hombres de Hai, varios son los que caen muertos del pueblo de Dios; una derrota absurda que no tenía ni el más mínimo sentido. Es por esa razón que Josué rompe sus vestidos y se postra en tierra. Ni los ancianos ni él entendían qué pasaba y consultaban a Dios fervientemente mientras se echaban polvos sobre sus cabezas, a lo que el Señor les responde que era el daño colateral del pecado que había en el pueblo. Fue tanto el enojo de Dios al ser desobedecido, que los entrega en manos del enemigo y lo más fuerte es cuando Dios les dice -no estaré más con ustedes.

Pues vi entre los despojos un manto babilónico muy bueno, y doscientos siclos de plata, y un lingote de oro de peso de cincuenta siclos, lo cual codicié y tomé; y he aquí que está escondido bajo tierra en medio de mi tienda, y el dinero debajo de ello.

JOSUÉ 7:21

Sin pensar en los otros, Acan decide tomar lo que vio y le gustó. Tomó un manto Babilónico, plata y oro. La codicia nubló su juicio y lo llevó a dañar el campamento, a contaminar su casa, a poner en riesgo la vida de su familia y lo más importante: fallarle a Dios. No es lo mismo la confesión que la confrontación. Aunque este hombre sabía lo que había hecho y lo que estaba pasando en el campamento, ciertamente no corrió a confesar, sino que esperó el momento en que su líder lo confronta para hablar.

Él confiesa lo que había hecho. Es difícil escuchar a Josué decirle ¿por qué nos trajiste esta desgracia? (Josué 7.25) Muchos ahora estaban de luto porque habían muerto hombres valientes en Hai a causa de su codicia. Saber que Dios se había enojado por su desobediencia, sin pensar en otros ni en los de él, trae muerte a toda su casa y a todo lo que poseía.

Muchos por la codicia llevan su casa a perder lo que tienen y es que hay pérdidas que representan ganancia y ganancias que traen pérdidas. Es algo que debemos desarrollar en la mentalidad a largo plazo, no centrarnos en el hoy, sino en qué pasará mañana, el año próximo. Dónde coloca esta decisión a mis hijos, a mi familia, cómo me beneficia, cómo afecta a la iglesia o al grupo del que soy parte.

Un pastor amigo me hace una llamada para pedirme oración. Estaba muy triste. Portaba una herida y no sabía qué hacer más que pedir ayuda. Llega el domingo al culto y cuando tenía el templo lleno, minutos antes de comenzar llega su hijo para decirle -papá los músicos no están. Él comienza a llamar pensando lo peor, un accidente, alguien está en el hospital, esta gente nunca falta, jamás dejan de reportarse ¿Qué pasaría? El hijo del pastor junto a dos muchachas del coro asume la alabanza de ese día, pero había un vacío tan grande… Fue tan difícil predicar, tan difícil fluir. No era una iglesia pequeña.

Al terminar el servicio salió muy afligido a casa de los hermanos ya que no le contestan el teléfono. Para su sorpresa, ese día se había hecho un culto en casa de los hermanos. El padre decía ser pastor y que no podía desarrollarse en esa iglesia, que se sentía limitado, menospreciado y decidió abrir una obra y serle fiel al llamado de Dios, pero se llevó a su familia con él. Su esposa era la cantante, un hijo el bajista, otro el guitarrista y la hija la pianista. Se llevó el grupo de alabanza. Dios no respalda que se dañe a la iglesia, a su novia.

Este hombre creía que responder a un llamado le daba la licencia de dañar el cuerpo de Cristo, de afectar toda una estructura. Como este hay miles de casos. Las personas en su codicia ante un llamado, una cámara, un púlpito, un título, dejan daños colaterales en las casas que le cubrieron y les dieron un lugar para desarrollar y usar sus dones y talentos. El cielo no es copartícipe del pecado. No hay respaldo para el mal. Pensemos como cuerpo, como iglesia. Dios siempre resalta la importancia de entender que somos parte clave del cuerpo de Cristo.

SANANDO EL DAÑO

El daño colateral en las emociones y en las relaciones no es un destino final, aunque de una manera u otra todos hemos sufrido los golpes de las consecuencias de actitudes ajenas, las salpicaduras de aquel que se lanzó a la piscina para hacer un gran revuelo sin importarle que ya estaban otros dentro del agua que llegaron antes.

"Perdonar es una decisión, sanar es un proceso."

Reconoce el impacto: Antes de sanar, debemos admitir que nuestras acciones han afectado a otros. David reconoció su pecado y escribió:

> *"Crea en mí, oh Dios, un corazón limpio y renueva un espíritu recto dentro de mí"*
>
> SALMO 51:10

Son más las veces que nos quejamos del daño que nos han hecho que las veces que hablamos o accionamos por lo que nosotros mismos hemos causado a otros. David reconoce su falta, no culpa a Betsabé por bañarse a su vista ni a sus siervos por no detenerle. Él se enfoca en su responsabilidad, en que había desatado las consecuencias que ahora abrazaba. Sabía que no podía cambiar lo que había hecho, pero sí buscar ser alguien diferente. Por eso hace la petición más prudente que revela la madurez del Rey y su anhelo: límpiame, renuévame, hazme recto.

Una de las cosas que traerá cambios es no quedarnos centrados en lo que ya vivimos, sino más bien enfocarnos en cambiar para no que no vuelva a pasar. Reconocer el impacto de nuestras acciones y renunciar a justificarlas de alguna manera.

Buscar reconciliación: Jesús enseñó la importancia de la reconciliación antes de cualquier acto religioso:

> *"Por tanto, si traes tu ofrenda al altar, y allí te acuerdas de que tu hermano tiene algo contra ti, deja allí tu ofrenda delante del altar, y ve, reconcíliate primero con tu hermano"*
>
> MATEO 5:23-24

Si dejáramos de victimizarnos y anheláramos reconciliarnos con aquellos a los que lastimamos o herimos, entonces seríamos ofrenda aceptable. Busca sanar toda relación dañada colateralmente por tus acciones, en lugar de asignarle una responsabilidad para aliviar tu alma de la acusación de la conciencia. Jesús buscó a Pedro, le habló y le hizo recordar que el llamado consistía en el amor y por tres veces lo hizo repetir que lo amaba para anular las tres veces que lo había negado.

Sanar a través del amor: El amor es el puente que sana las fracturas causadas por el dolor. Pablo escribió:

> *"El amor cubrirá multitud de pecados"*
>
> 1 PEDRO 4:8

Si amamos más, sanaremos más fácilmente y sanaremos a otros. El amor nos despoja de orgullo, de altivez, de narcisismo, de la mentalidad egoísta, del pensamiento arrogante, de actitudes destructivas. Quien ama se hace pequeño y cubre faltas.

Aceptar la restauración de Dios: El Señor es experto en sanar las consecuencias más profundas del daño colateral. Jeremías 30:17 declara: "Mas yo haré venir sanidad para ti, y sanaré tus heridas, dice Jehová".

El daño colateral nos recuerda que somos seres interconectados. Ninguno de nosotros vive en aislamiento absoluto. Nuestras palabras, acciones y emociones tienen peso en la vida de los demás. Por eso, la madurez espiritual nos llama a vivir con conciencia, sabiendo que nuestros actos pueden construir o derribar.

Jesús, en su camino al Calvario cargó no solo con su cruz, sino con el peso del pecado de la humanidad. En su mayor momento de sufrimiento pensó en quienes lo rodeaban: perdonó a sus verdugos, confió su madre al cuidado de Juan y abrió las puertas del paraíso al ladrón crucificado a su lado. Ese es el ejemplo más sublime de cómo, incluso en medio del dolor, podemos proteger a otros del daño colateral y convertir las heridas en oportunidades de redención y amor.

Que nuestras vidas reflejen esa gracia, que seamos conscientes del eco de nuestras acciones y busquemos siempre la restauración dde cada herida causada.

"Los buenos momentos conviértelos en las más hermosas memorias, los malos momentos conviértelos en las mejores lecciones."

PARTE 4

VENENO PARA EL ALMA

Un grupo de profesionales se unieron para hacer un experimento sobre los comportamientos y patrones. Tomaron un gran número de pulgas y las colocaron dentro de un frasco grande vidrio. Al principio saltaban con mucha fuerza y muchas escapaban, hasta que le pusieron tapa al frasco y lo dejaron así por tres días. Terminado el tiempo acordado abrieron el frasco una vez más y notaron que las pulgas no pasaban la altura de la tapa. Habían sido programadas para saltar hasta esa altura, lo curioso es que en sus hijos, saltaban solo hasta la altura que lo hacían sus padres sin pasar la altura de la tapa.

Hemos sido entrenados de manera pasiva, cultural y generacionalmente para vivir bajo patrones de sentimientos, conductas, emociones y dar la misma respuesta a distintas circunstancias o situaciones de la vida. Cuando entendemos este principio, sabemos que la mente, que forma parte del alma puede convertirse en un enemigo gigante si nosotros no sabemos manejarla correctamente, en lugar de que ella nos maneje a nosotros.

La mente es un terreno de nuestro cuerpo, por ende, si alguien debe tener control de la ella somos nosotros, lo cual no es imposible; aunque es algo difícil porque lleva disciplina, la que muchas veces nos falta. Debemos trabajar para fomentar hábitos buenos en nuestras rutinas, entre ellos, hábitos espirituales.

Uno de los asientos del alma es la voluntad. No importa cuánto yo quiera hacer algo, si mi voluntad no interfiere yo no lo haré. Si yo no quiero, yo no puedo. La mayor limitante en las personas no está en hacer algo, sino en que no quiere hacerlo. Aunque disfrazamos el no quiero de no puedo, la realidad es que tu voluntad está interfiriendo y no decides hacer algo al respecto por ser preso de esos patrones donde la vida se resume en sueños que no se alcanzan.

Los sentimientos y las emociones, lo que siento y expreso, proviene del alma. Muchas veces nosotros no logramos dominar el alma; es el inconveniente que enfrentamos si nuestra alma tiene problemas emocionales, patrones destructivos y no podemos ejercer dominio sobre ella.

LA AMARGURA

Si mi alma no logra ser purificada, transformada, mi alma me envenena. La palabra de Dios dice que la amargura es un espíritu, el cual contamina a todos y esta sale del alma, se refleja en todo lo que se hace y en cómo se piensa, porque quien está viviendo bajo un estado de amargura todo le molesta, nada le satisface, todo le enoja.

Ese tipo de personas no se puede complacer con nada, porque el problema está en el veneno de su alma, no en los demás. Cambiará el agresor, la situación, pero no el resultado. La amargura afecta su visión y percepción de todo lo que le rodea. Cuando una persona está envenenada empiezan los síntomas que suelen ser difíciles de identificar.

Hay registros de gente envenenada de manera pasiva, es decir, cuando en pequeñas dosis se empieza a envenenar a alguien y aunque el veneno no se vuelve evidente, sí empiezan a manifestarse síntomas. Algo semejante es lo que nos hacemos cuando no logramos dejar de envenenarnos.

El veneno del alma tiene síntomas que en ocasiones no le prestamos atención. Tratamos los síntomas, pero no tratamos la causa y cuando no tratamos la causa que es la raíz del problema, estaremos lidiando con los síntomas toda la vida y jamás ser sano. No podré tratar la amargura si no entiendo que yo la produzco.

Cuando tienes problemas con todos a tu alrededor y decides apartarte, lo que realmente estás haciendo es atender un síntoma, sin erradicar la causa que está envenenando tu alma, tu familia, tu entorno, tus hijos. Podrás invertirle todo el tiempo al síntoma, pero mientras la causa esté, no vas a salir del problema. Hay gente que vive en un ciclo de veneno ante las demás personas. El problema más grande es no darse cuenta de que el veneno, lo producimos nosotros.

Mientras callé, se envejecieron mis huesos en mi gemir todo el día.
SALMO 32:3

Muchos están esperando un milagro en el cuerpo que no van a recibir si no le tratan el alma. Hay enfermedades físicas que no logran salir, porque están generadas por el alma. Por eso vemos a David diciendo que mientras calló un asunto, eso produjo ataque en su sistema óseo. Su alma envenenó su cuerpo.

En una ocasión experimenté un milagro que me impactó por la manera en cómo sucedió. Predicaba en una ciudad y había allí una señora no muy anciana en una silla de ruedas, amarrada por la cintura. No se podía ver su rostro porque su cabeza estaba hacia abajo; por la joroba grande que tenía, sus manos estaban rígidas.

Me decían que orara por ella, pero yo no sentía ir a orar por ella y cuando me acerco, Dios me dice -no ores por ella, dile que perdone al hijo que la trae en la silla de ruedas y obediente le dije. Y continué ministrando. De pronto hubo un alboroto y vi a la mujer de pie. Perdonó a su hijo y fue sana. Lo que la tenía jorobada era el veneno de su alma, ese resentimiento y esa amargura.

EL CORTISOL

Las emociones fuertes como el estrés y el miedo hacen que el cuerpo libere cortisol y la resistencia al cortisol puede evitar la pérdida de peso o incluso enfermarse. Cuando hay sentimientos intensos: estrés, miedo o fobia, los niveles de cortisol se disparan. Así como con el enojo, la ira o cuando peleas con alguien de manera descontrolada, tu cuerpo libera cortisol. Después de un enojo no tienes hambre por esa misma razón.

El cortisol es un veneno que viene del alma y afecta al organismo. El alma provoca una contaminación física, que trae consecuencias en el cuerpo. El cortisol afecta el cerebro, no recuerda, afecta el estado de ánimo (se vuelve irritado, estresado y enojado, no quiere que le hablen). Tu cuerpo no puede lidiar con el veneno que tú alma está desprendiendo, esto afecta el corazón, la presión arterial, el sistema digestivo, el metabolismo (la glucosa), el sistema inmunológico (debilita las defensas).

En lugar de tratar los síntomas debes tratar las causas. Hay personas que toman medicamentos para todo malestar físico, pero no tratan el veneno en su alma. Existen estudios que señalan que el organismo necesita varias horas para normalizar el cortisol, aunque las horas son variables hay casos que, según la intensidad del evento, pueden incluso durar hasta días en liberarse de esto. No estoy en contra de los medicamentos; lo que estoy explicando es que muchas veces queremos resolver médicamente lo que no es médico.

Las glándulas opacrinas, son glándulas sudoríparas y están ubicadas en el cuerpo (en las axilas, región genital, pezones y ano) se activan en la pubertad. Por ello, es que los adolescentes empiezan a tener conflictos emocionales que antes no tuvieron. Estas glándulas se encargan del estrés, la excitación emocional. Se activan, por supuesto, con el estrés y las emociones intensas (enojo, ira, pleito, maledicencia y gritería).

Estas glándulas liberan un sudor más espeso que el normal y al descomponerse con las bacterias de la piel, producen un olor característico. No es lo mismo alguien sudado por ejercicio a alguien que sudó por enojo, es decir, el olor es diferente y esta es una señal que expresa a los demás a mi alrededor, que estoy enojado o que tuvimos una disputa.

Ese sudor se vuelve como una capa en la piel que la aromatiza, es por ello que alguien que es enojón, airado, lleno de amargura y problemas, va a encontrar problemas en todos lados, porque tu cuerpo está combatiendo con el cortisol, debido a que tienes una "unción negativa de las tinieblas". Así lo llamaré para que sea más fácil de entender al trasladar lo físico a lo espiritual.

Esto funciona de la misma manera que el miedo. Los perros lo huelen en las personas y atacan. La atracción de cosas negativas hace que el mundo espiritual te responda. ¿A qué hueles? ¿Qué veneno tiene tu alma? Las personas a tu alrededor responderán a lo que tú produces. Es por ello que en la cueva de ADULAM, se reunieron quienes tenían un espíritu afín (endeudados, con problemas y amargados) la unión de personas se dará por la compatibilidad que tengan.

El esposo o la esposa responderán siempre al leguaje que porte cada uno, según sea el caso. Hay cosas por las que se lleva tiempo peleando, porque ambos están lidiando con el cortisol y sabemos que el "tono da la música". No es lo mismo hablar dulce que hablar fuerte y enojado. Uno responde a los olores, es por eso que la atmósfera de la casa cambia, por el olor que portan producto de las glándulas apocrinas, producen repulsión.

> *Y no contristéis al Espíritu Santo de Dios, con el cual fuisteis sellados para el día de la redención.*
>
> EFESIOS 4:30

Quítense de vosotros toda amargura, enojo, ira, gritería y maledicencia, y toda malicia.

EFESIOS 4:31

No entristezcas al Espíritu Santo. Desecha la ira, el enojo, la amargura, la malicia, para evitar enfermarte, porque el cuerpo es el templo del Espíritu Santo. Nos toca a nosotros desechar el veneno. El lenguaje también afecta el cuerpo. Hay algunas enfermedades que se quitarán cuando se trate el alma.

En el capítulo tres de Job vemos que le dio rienda suelta a su boca y maldijo el día de su nacimiento y no pudo refrenarse, sino que evidenció lo que había en su corazón. Podemos ver que lo afectó gravemente lo que habló. La hiel que guardas está envenenando tu alma. La inapetencia a muchas cosas es señal de que las cosas no están bien y vemos que a Job ni su esposa quería besarlo porque le causaba asco, así como sus amigos se sentaron y no querían hablarle, lo vemos en muchas personas hoy en día.

"Lo que guardas en tu corazón y disfrazas con una sonrisa, puede ser el veneno silencioso que le ofrezca a tu cuerpo agonía."

Así como el cortisol afecta el cerebro haciéndonos olvidar quiénes somos en Dios, nos olvidamos de Su Palabra. En momentos de crisis podemos olvid

ar versos bíblicos e incluso lo que predicamos en algún instante y caemos en decir y hacer cosas que no debíamos haber hecho para terminar preguntándonos por qué.

Por nada estéis afanosos, sino sean conocidas vuestras peticiones delante de Dios en toda oración y ruego, con acción de gracias.

FILIPENSES 4:6

Y la paz de Dios, que sobrepasa todo entendimiento, guardará vuestros corazones y vuestros pensamientos en Cristo Jesús.

FILIPENSES 4:7

Fibromialgia

La fibromialgia es un síndrome crónico caracterizado por dolor musculoesquelético generalizado, fatiga, trastornos del sueño, problemas cognitivos y sensibilidad aumentada al dolor. La causa exacta aún no está completamente definida, pero los estudios científicos y médicos más recientes señalan que es multifactorial. El sistema nervioso central de las personas con fibromialgia procesa el dolor de forma amplificada.

Se han detectado desequilibrios en neurotransmisores como serotonina, dopamina y norepinefrina, que son cruciales en la regulación del dolor y el estado de ánimo. Hipersensibilidad al dolor: el cerebro interpreta estímulos normales como dolorosos (alodinia). Muchos pacientes reportan haber desarrollado fibromialgia tras un evento traumático físico, emocional o psicológico (accidente, abuso, pérdida importante, entre otros) El eje HHA (hipotálamo-hipófisis-adrenal) se altera y causa niveles anormales de cortisol, lo cual afecta la percepción del dolor y la inflamación.

"El corazón alegre constituye buen remedio; más el espíritu triste seca los huesos."

PROVERBIOS 17:22

Estas palabras reflejan lo que hoy se reconoce como psico somatización, donde el cuerpo reacciona físicamente a emociones como: la tristeza prolongada, el sentimiento de abandono, las heridas del alma no sanadas, resentimientos o traumas no procesados. La fibromialgia puede verse, desde esta óptica, como un grito del cuerpo frente al dolor emocional reprimido.

El alma herida puede somatizar sus cargas en el cuerpo. La falta de expresión emocional, el no perdonar, la autoexigencia y el exceso de responsabilidad también pueden desencadenar dolor corporal crónico. Lo resumo de esta manera: todas las cosas de las que no eres libre terminan destruyendo tu cuerpo.

Gratitud

Que nada te afane. En lugar de cargarte con la preocupación, debemos insertar en nuestra forma de vida la práctica de orar, rogar y agradecer (porque la gratitud afecta el centro del cerebro donde está el placer y esto une ambos hemisferios). El agradecimiento es un antídoto contra el cortisol. Practicar la gratitud nos hace no solo estar sanos, sino abrir puertas de bendición. Agradezca a su cónyuge por estar con usted y soportarle muchas cosas. En todo tiempo de GRACIAS A DIOS POR TODO. La gratitud produce paz, es todo lo contrario al veneno del alma.

"El agradecido siempre vivirá mejor que el ingrato".

El gozo del Señor trae alegría a nuestra vida. Mientras lo alabamos Él da medicina a nuestra alma. La alegría es un antídoto contra el veneno del alma. Mi cuerpo libera endorfinas que es un analgésico natural cuando empiezo a reír. No desprendo cortisol sino endorfinas, que es una anestesia y algo cambia a nivel biológico. La hormona del estrés se controla. La sanidad, la vida y el bienestar están en la Palabra de Dios. El médico por excelencia nos está dando una medicina natural que cambia el alma, el cuerpo y todo el ser de nuestras vidas.

Una de las cosas que más nos cuesta es poder vivir en gratitud. Quién no ha sufrido por la falta de agradecimiento de aquellos que tanto bien le hemos hecho. La ingratitud duele y muchas veces la manejamos de una manera incorrecta en lugar de mirarla con gratitud. La manifestación de la ingratitud es la evidencia del corazón de otro, no del tuyo.

Así como nos duele la ingratitud de otros contra lo que hacemos, no podemos olvidar que nosotros hemos sido ingratos muchas veces, no solo con el hombre sino también con Dios. Decide vivir en gratitud en cada aspecto de tu vida, incluso agradece por la malo. Un antídoto contra la amargura, es la gratitud extrema por todo lo que vivimos. Le doy gracias a Dios incluso por los peores momentos porque ellos han dado a luz las más grandes victorias.

La gratitud es una llave poderosa que abre puertas de sanidad en lo más profundo del alma. Cuando una persona comienza a agradecer, aunque sea por cosas pequeñas, algo se activa en su interior: la atención se desvía del dolor hacia la esperanza. La gratitud no niega la herida, pero la transforma; porque cambia la perspectiva y da paso a la luz en medio de la oscuridad emocional que se vuelve abrumadora.

El alma herida suele vivir enfocada en la pérdida, en lo que no fue, en lo que faltó. Pero cuando se practica la gratitud, se reprograma el corazón para reconocer lo que sí se ha recibido, lo que aún permanece y lo que Dios sigue haciendo. Agradecer es un acto espiritual que interrumpe el ciclo del lamento y le permite al alma comenzar a respirar otra vez.

Incluso en medio del dolor, dar gracias es una forma de rendirse a la soberanía de Dios. Es declarar: "No entiendo todo, pero sé que estás conmigo". Y esa confesión tiene poder sanador. La gratitud abre caminos que el dolor cerró; rompe las cadenas del resentimiento, del victimismo y del autoabandono. Cuando el alma empieza a ser agradecida, se fortalece.

Y un alma fuerte, empieza a sanar. Porque la gratitud no solo limpia el corazón: lo renueva.

GOZO

Hay un sistema dentro de la mente que lo regula el gozo y activa un sistema nervioso simpático que hace que las cosas negativas no se absorban de la misma manera. Es por eso que en la alabanza se liberan endorfinas y no salimos del culto como llegamos, sino que nos vamos diferentes. Biológicamente la alegría es un camino de doble vía: le doy a Dios alabanza y Él me da sanidad.

> *El corazón alegre constituye buen remedio; Mas el espíritu triste seca los huesos.*
>
> PROVERBIOS 17:22

¿Cómo le quito el veneno al alma? Gózate delante del Señor. El gozo es un antídoto. Cuando llegue el enojo cántele al Señor. Él dijo -que no se ponga el sol sobre vuestro enojo. Porque el cortisol de noche no se combate igual. Durante el día el cortisol tiene una mayor disponibilidad para combatirlo, pero de noche no.

Nada de lo que está en la Biblia tiene un significado leve. TODO TIENE UN PROPÓSITO. Cuando usted está enojado rechazará lo que más necesita. Por eso es que cuando se enoja rechaza la alabanza, porque es un antídoto. Vemos a David lleno de gozo, que le hizo ignorar a Mical y lo que ella le dijo a él no le afectó, porque estaba lleno de alegría en la PRESENCIA DE DIOS. Esto lo ayudó a combatir el menosprecio, el señalamiento, la crítica, el ataque de su esposa. Hay batallas que podrás vencer desde el gozo.

PARTE 5

ENAMORADOS DEL BRILLO

Hoy vemos una generación enamorada del brillo. Gente que sueña con la grandeza, con la fama, con la gloria, con ser admirada, aplaudida, seguida… pero que desconoce el verdadero precio del ministerio. Sueñan con luces, pero no con el quebranto. Anhelan el escenario, pero no el secreto. Muchos desean la unción que impacta, pero no el quebranto que la origina. Quieren cargar micrófonos, pero no cargar cruces. No entienden que no es la admiración del público lo que sostiene un ministerio, sino la obediencia en lo oculto, en el dolor, en el proceso donde nadie aplaude, pero Dios edifica carácter.

Vemos rostros sonrientes sobre plataformas construidas con lágrimas ajenas, mientras ellos solo presentan una imagen sin proceso. Gente que no ha sido formada por el fuego, pero que ha sido empujada por los algoritmos. Comienzan sirviendo con un corazón sincero, pero se desvían al enamorarse del reconocimiento. Se agendan, se llenan, se exponen… pero no se rinden.

Tienen un calendario saturado de actividades, pero un corazón vacío de intimidad. Y sin darse cuenta, se convierten en artistas del altar, pero sin altar personal. Lo que debería ser un llamado, se convierte en negocio. Lo que debería ser servicio, se transforma en espectáculo y esto hace que para muchos sean atractivos los ministerios, las giras, las redes y que lleguen a tener por insignificantes los verdaderos altares, los púlpitos más sufridos, construidos a base de lágrimas, de limitaciones, de enemigos, de ataques, de pobreza y que aun así hicieron proezas que hoy no tienen un gran nombre mediáticamente hablando, mas representan un legado imborrable en la tierra y en el cielo.

El brillo muchas veces quiere opacar y llamar anticuados a los patriarcas que fueron los que abrieron la brecha para lo que hoy no se ve. Quien no construyó un púlpito no lo cuidará. Quien no lloró por un alma, no le importará manipularla o usarla con frases que alimenten la falta de aceptación y el poco carácter; los incitará a una rebeldía disfrazada de estancamiento y muy alejada del verdadero propósito que es servir.

LA DOBLE UNCIÓN

Se me acerca un hombre con lágrimas en los ojos y me dice -ore por mí. La siguiente pregunta es obvia, porqué quiere que ore. La respuesta muy común fue: -quiero una doble porción de lo que usted tiene, de su unción. La Palabra que recibí en ese momento fue: -Señor déjalo conocerte, necesita encontrarse contigo, necesita de ti Espíritu Santo para poder poner en orden su vida.

Di la espalda mientras lloraba y tras dar algunos pasos me dice el pastor: ese joven está enamorado de todos los predicadores, pero perdió su familia por su infidelidad, por su desordenada vida, por su lujuriosa vida; y añade el pastor -usted le dijo lo que él necesitaba oír, necesitas a Dios. Lo que me llevó a pensar en los miles que se enamoran de los milagros y las señales sin conocer a quién los hace y en el cielo escucharán: Aunque en mi nombre los hiciste, No te conozco.

El brillo sin formación es una trampa disfrazada de éxito. Porque cuando el dolor llega —y llegará— muchos no tienen raíces. Cuando el silencio de Dios toca la puerta, no saben esperar. Cuando la traición golpea, no tienen profundidad para perdonar. ¿Y cómo podrían si evadieron la escuela del quebranto, donde no se cultivan seguidores, sino rodillas dobladas? Es en esa escuela donde no se desarrollan las luces, sino la luz verdadera. Donde el aceite no se compra ni se hereda, se exprime del alma en intimidad con el Maestro.

"No se trata de ser visto, se trata de ser hallado fiel."

Dios no está buscando estrellas, está buscando siervos. No está buscando famosos, sino fieles. El verdadero brillo del ministerio no es el de los reflectores, sino el de un espíritu quebrantado que alumbra incluso cuando nadie lo ve. El oro del cielo no reluce como el de la tierra. En el Reino, brillar es morir uno mismo para que Cristo viva. Enamorarse del brillo humano te desvía. Enamorarse de la gloria de Dios te transforma. Y solo los que han pasado por la escuela del dolor pueden discernir la diferencia. Preguntémonos: ¿qué es el éxito para ti? El concepto de éxito hoy es una casa, un carro, pero no un lugar para transportar la familia, una pareja presentable y no una esposa o esposo. El éxito es tener un poco de likes aunque en mi casa nadie quiera oírme o verme.

El éxito de Noe fue salvar su familia; el de Abraham ser obediente y dejar su tierra y su parentela para seguir una Palabra. Éxito el de Ana al entregar a su hijo Samuel al templo para que se formara un profeta. Éxito es el de José al permanecer fiel donde nadie lo conocía o podía señalarle huyendo del pecado. Éxito el de David que logró ser amado por Dios aun cuando le falló y pudo arrepentirse y levantarse para seguir sirviendo con más fuerzas pidiendo un corazón limpio.

> *Mas tú, cuando ores, entra en tu aposento, y cerrada la puerta, ora a tu Padre que está en secreto; y tu Padre que ve en lo secreto te recompensará en público.*
>
> MATEO 6:6

Las mejores cosas no se viven en público sino en lo secreto. La generación del humo no conoce la generación del fuego. Se llama fuego a algarabía sin señales y bosquejos llenos de frases bonitas que llevan a la comodidad, en lugar de conducir al arrepentimiento y a Cristo.

La luz es Cristo. Enamorémonos de esa luz en lugar de un brillo tan pasajero, efímero, que aunque es atractivo puede fácilmente desviarte de la verdadera esencia del Evangelio. Todo debe girar en torno a Cristo, no en un hombre sino a Cristo. Debemos desarrollar el corazón de David, que clamó porque no le quitaran su Santo Espíritu y no uno con el corazón de Sansón, que mientras sus músculos podían impresionar a la Dalila, no se enteró de cuándo fue abandonado por El Espíritu.

> "Y le dijo: ¡Sansón, los filisteos sobre ti! Y luego que despertó él de su sueño, se dijo: Esta vez saldré como las otras y me escaparé. Pero él no sabía que Jehová ya se había apartado de él."
>
> JUECES 16:20

Sansón estaba tan enamorado del brillo que producían sus músculos. Ese brillo que hacía que Dalila aparentara amor, que perdió de vista lo que lo hacía alguien especial. Su confianza estaba en sus fuerzas, pero olvidó que su fuerza era el resultado de un propósito y una asignación. Aprendió por medio de la Escuela del Dolor, de la vergüenza, de la burla, de la limitación, de ser el hazmerreír, quién era el que le sostenía y su última oración fue un ruego para pedir una última oportunidad y morir cumpliendo Su voluntad.

> *Entonces clamó Sansón a Jehová, y dijo: Señor Jehová, acuérdate ahora de mí, y fortaléceme, te ruego, solamente esta vez, oh Dios, para que de una vez tome venganza de los filisteos por mis dos ojos.*
>
> JUECES 16:28

Logró más Sansón en un día que en toda su vida. Le faltaron sus ojos y dejó de ver el brillo de las caras que se impresionaban por su fuerza. Faltaron sus ojos y apareció el enfoque. Qué éxito, murió sirviendo y haciendo aquello para lo que nació.

No podemos perder de vista lo que realmente importa, Cristo. Es tan fácil perseguir el brillo, enamorarse de un traje en lugar de aprender a rasgar el corazón en su Presencia. El que huye del dolor también huye de su formación, porque en el Reino no se gradúa quien evita la cruz, sino quien la carga hasta el final.

Solo cuando dejas de perseguir el brillo y comienzas a buscar a Cristo, comienzas a vivir bajo su gloria y en su luz dejas de amar el brillo porque te enamoras de la Presencia que ilumina todo tu ser.

PARTE 6

UN REY HECHO PEDAZOS

David tenía que estar en el trono gobernando una nación mientras que su casa estaba cayéndose a pedazos. Había dejado a su hija Tamar cuidando a su hijo Amón quien estaba fingiendo una enfermedad con la estrategia de violar a su hermana. El dolor de un padre ningún hijo lo entenderá. David está en el trono sosteniendo una nación, pero en su corazón sufría para poder sostener una familia que se caía a pedazos por las batallas generacionales y los espíritus que le venían persiguiendo para destrucción. Cuántos David hoy se sientan en las oficinas o bancas de un templo para sostener una congregación con sus oraciones, acciones y sus casas se están destruyendo. Cuántos son los que suben a un altar a darlo todo cuando acaban de secar sus lágrimas, de un rey hecho pedazos, las lágrimas que oculta un rey.

LLORAR POR UN AMOR NO CORRESPONDIDO

David, el hombre conforme al corazón de Dios, experimentó muchas formas de sufrimiento a lo largo de su vida. Entre ellas, una de las más dolorosas fue el amor no correspondido de Saúl, su rey. La relación entre ambos comenzó con admiración y respeto, pero terminó en odio y persecución.

Es una de las relaciones más tristes porque lo que comenzó siendo un pequeño que aliviaba la opresión y el tormento, terminó viviendo la persecución más horrible de un padre a un hijo, como lo llamaba David. A pesar de todo, nunca dejó de honrar a Saúl ni de anhelar su aceptación. Lloró no solo por la injusticia de ser perseguido sin razón, sino también por el rechazo de aquel a quien él le mostró fidelidad y amor.

Desde el momento en que David fue llevado al palacio de Saúl, se convirtió en un siervo leal, un guerrero valiente y un músico que traía paz al atormentado rey. Venció a Goliat y salvó a todo Israel, no solo de la esclavitud sino de la vergüenza que les perseguiría por la derrota. Peleó las batallas de Israel y nunca buscó rebelarse contra la autoridad del rey, al contrario, amaba estar cerca.

Sin embargo, Saúl, consumido por la envidia producida por los cantos de las mujeres que exaltaban sus victorias y minimizaban las del rey, no pudo soportar que David fuera amado por el pueblo y que la unción de Dios estuviera sobre él. En vez de ver a David como a un hijo o un aliado, lo vio como una amenaza y trató de destruirlo en varias ocasiones.

La primera traición de Saúl se produjo cuando en un arrebato de ira, lanzó una lanza contra David mientras este tocaba el arpa (1 Samuel 18:10-11). David tuvo que huir, dejar atrás su lugar en el palacio y su amistad con Jonatán. En lugar de responder con odio, David siguió siendo fiel, huyendo sin levantar su mano contra el rey. Su corazón se quebró cuando se dio cuenta de que, sin importar cuánto amor y respeto mostrara, Saúl nunca lo vería con buenos ojos. Dejó atrás lo que conocía como casa, al que amaba como hermano y el lugar al que sirvió y entregó su juventud

> *Para el director del coro; según tonada de No destruyas. Mictam de David, cuando Saúl envió hombres y vigilaron la casa para matarlo. Líbrame de mis enemigos, Dios mío; ponme a salvo en lo alto, lejos de los que se levantan contra mí.*
>
> SALMO 59:1

Estas palabras reflejan su dolor, no solo por el peligro físico, sino por la amargura del rechazo. En dos ocasiones, David tuvo la oportunidad de matar a Saúl y terminar con su sufrimiento, pero no lo hizo. En lugar de tomar venganza, lloró por la condición del rey. En 1 Samuel 24:11, le dice a Saúl: "Mira, padre mío, mira la orilla de tu manto en mi mano". Llamándolo "padre mío", David muestra el amor y la tristeza que aun sentía por Saúl. Su llanto no era solo por su vida en peligro, sino por la relación rota y por un rey que había caído en la locura de la envidia y el temor.

Cuando Saúl finalmente murió en batalla, David no celebró su muerte. En lugar de regocijarse, lloró amargamente y compuso un cántico fúnebre en su honor, diciendo:

> *"Montes de Gilboa, ni rocío ni lluvia caiga sobre vosotros... porque allí fue desechado el escudo de los valientes"*
>
> 2 SAMUEL 1:21

Su dolor era real, pues aun en la muerte, David deseaba que Saúl hubiera sido un rey digno de su llamado. Su amor no correspondido por Saúl nunca se transformó en odio ni en amargura, sino en lágrimas sinceras y en un corazón que, a pesar del rechazo, permaneció fiel a Dios.

> *"No puedo cambiar como otros actúan, pero sí tengo el control de como actuaré yo a pesar de lo que me hagan otros."*

Las lágrimas de David por Saúl nos enseñan que el amor verdadero no se basa en la reciprocidad, sino en la fidelidad a Dios. Aunque no recibió el amor y la aceptación que deseaba, nunca dejó que el rechazo endureciera su corazón. En la Escuela del Dolor, aprendemos que hay amores que no serán correspondidos, relaciones que nunca serán restauradas y personas que no nos valorarán, pero nuestra respuesta no debe ser el resentimiento, sino la entrega a Dios, que es quien ve cada lágrima y nos da el consuelo y la recompensa que el mundo no puede ofrecer.

UN HERMANO SIN SU SANGRE

A pesar de la enemistad de Saúl, David nunca dejó de respetarlo como el ungido de Dios. Cuando Saúl y Jonatán murieron en batalla, David se lamentó profundamente por su pérdida, cualquiera en su lugar hubiese permanecido en silencio, pensativo o aliviado porque ya no tendría que huir más de quien le perseguía, sin embargo, su reacción espontánea e inmediata lo único que mostro fue su profundo dolor y amor para con ellos.

> *Entonces David, asiendo de sus vestidos, los rasgó; y lo mismo hicieron los hombres que estaban con él.*
>
> 2 SAMUEL 1:11

> *Y lloraron y lamentaron y ayunaron hasta la noche, por Saúl y por Jonatán su hijo, por el pueblo de Jehová y por la casa de Israel, porque habían caído a filo de espada.*
>
> 2 SAMUEL 1:12

Rasgó sus vestiduras, lloró y ayunó en señal de duelo. Su amor por Jonatán, su mejor amigo, lo llevó a escribir un cántico fúnebre en el que expresó su dolor: "¡Cómo han caído los valientes en la batalla!" (2 Samuel 1:25).

El llanto de David en esta ocasión refleja su sensibilidad y amor genuino. No se alegró de la muerte de su perseguidor, sino que reconoció la tragedia de la guerra y el alto precio de la división y el odio. En ese dolor, David nos enseña que el sufrimiento no es una excusa para el resentimiento, sino una oportunidad para mostrar honor y compasión. Su duelo fue sincero, y en medio de su dolor, reconoció que la vida y la muerte están en las manos de Dios.

Sera que lloramos cuando cae un valiente o nos alegramos, muchas son las ocasiones en las que no desarrollamos el corazón de Dios que le agrada a Dios y en lugar de lamentarnos, comienza el juicio injusto frente a quien no puede hacer nada para defenderse o expresar su causa, frases como: - yo lo sabía, el juicio de Dios, le llegó su hora, esto tenía que pasar en algún momento. Son expresiones que con frecuencia escuchamos de aquellos que son parte del ejército de Dios y que no se detienen en hablar con liberalidad y carnalidad sin entender que hay detrás de una caída.

Cuando un valiente cae en el mundo espiritual las fuerzas de las tinieblas se fortalecen porque lograron derrotar a un hombre de Dios, detener el avance de un propósito, debilitar un ejército o destruir la reputación de un ministerio y terminan dañando la imagen de la cruz. Terminan hablando de la iglesia. Conversaba con algunos hijos espirituales hace un tiempo y les decía -la iglesia no conoce el luto por la caída de un hombre de Dios, al contrario, sobran los que lucran y se enriquecen cuando el trabajo del diablo cobra efecto. Debemos aprender a lamentar las caídas de los grandes y tener la actitud de un hombre que pudiendo beneficiarse por esto, lloró.

LAS CONSECUENCIAS DUELEN

David cometió uno de los errores más graves de su vida al pecar con Betsabé y ordenar la muerte de Urías dañando así un recorrido intachable de humildad, perfección y victorias. Dios, a través del profeta Natán, le anunció que su pecado tendría consecuencias, incluyendo la muerte de su hijo.

David rogó a Dios por el niño; y ayunó, y fue y pasó la noche acostado en el suelo.

2 SAMUEL 12:16

> *Y los ancianos de su casa se pusieron a su lado para levantarlo del suelo, mas él no quiso, y no comió pan con ellos.*
>
> 2 SAMUEL 12:17

Su actitud nos muestra que, aunque el dolor es real, la confianza en Dios debe permanecer por encima de nuestras circunstancias, entender que se llora por las consecuencias de nuestras acciones sin quitarle despropósito a Dios por lo vivido. Cuántos faltos de este entendimiento hay, que viven algo y en lugar de sentarse a entender que les alcanzaron las consecuencias de sus errores, se sientan a llorar y culpar a Dios de lo que desataron sus propias acciones.

Muchas veces confundimos el amor y la misericordia de Dios con la justicia divina. Creemos que la justicia invalida el amor o que el amor invalida la justicia. Si usted es padre podrá comprender la siguiente analogía que le explicaré. Somos padres con un amor incondicional, pero ese amor tan grande no nos impide corregir cuando es necesario para formar valores, sellar enseñanzas o evitar daños mayores en ellos. Corregir no nos impide amar, al contrario, amar nos lleva a hacer justicia y a corregir cuando se debe.

Ese pensamiento lo tenía David cuando al supo que su hijo había muerto y se levanta, se lava, se cambia y come. Los siervos no podían comprenderlo y él les explica -antes clamaba por compasión, pero entiendo que merecía esto. Él va a consolar a Betsabé y esa actitud madura hace que se conciba Salomón y que este fuera amado por Dios. Nuestras actitudes pueden cambiar tantas cosas en nuestros cercanos, en nuestra descendencia. Llorar está bien, pero no podemos dejar que el dolor nuble la comprensión de nuestras responsabilidades.

El arrepentimiento de David no fue superficial. En el Salmo 51, derrama su corazón ante Dios, reconociendo su culpa y clamando por misericordia:

"Lávame más y más de mi maldad, y límpiame de mi pecado"
SALMO 51:2.

Sus lágrimas aquí no fueron solo de tristeza, sino de transformación. Nos recuerda que el verdadero arrepentimiento no es solo lamentar el error, sino buscar a Dios para ser restaurado. David comprendió que las consecuencias del pecado pueden ser devastadoras, pero también entendió que la gracia de Dios es más grande que cualquier caída.

No se quedó encerrado en el dolor de la pérdida, sino que deseó cambiar su vida por medio de la oración y la búsqueda de Dios. Buscó cambiar la condición que le había hecho fallar y le pide a Dios un cambio por medio de la limpieza, reconociendo que había maldad en él y que esa maldad lo había llevado a todos los pecados que cometió. Atacó la raíz del problema.

"Podemos quedarnos contemplando el otoño de nuestra vida o decidir invertir en su raíz para cuando llegue la primavera."

Usa el dolor como una escuela de transformación para bien, donde decides tratar la raíz de un problema y dejas de contemplar las consecuencias o el escenario actual para quedar viviendo preso del dolor.

LA TRAICIÓN DE UN HIJO

Uno de los episodios más dolorosos en la vida de David fue la traición de su propio hijo Absalón, quien se levantó en rebeldía para arrebatarle el trono. Cuando Absalón fue finalmente asesinado en batalla, David no celebró su victoria, sino que lloró amargamente, exclamando:

"¡Hijo mío Absalón, hijo mío, hijo mío Absalón! ¡Quién me diera haber muerto yo en lugar de ti!"

2 SAMUEL 18:33.

Su dolor no solo era por la muerte de su hijo, sino por la trágica consecuencia del pecado y la división en su familia.

David entendía que su propio pecado había abierto la puerta a muchos de los problemas en su casa. Su llanto por Absalón no solo expresaba el dolor de un padre por la pérdida de su hijo, sino el peso de la responsabilidad. En ese momento, comprendió que su vida, aunque bendecida, también estaba marcada por las consecuencias de sus acciones. Sin embargo, aun en medio de su sufrimiento, David nunca dejó de acudir a Dios. Aprendió que el quebrantamiento no es el final, sino una invitación a buscar a Dios con un corazón humilde y rendido.

LA PÉRDIDA DE MAYOR VALOR

La Cuesta de los Olivos la subía el rey con lágrimas en los ojos, los pies descalzos y la cabeza cubierta en señal de luto. No era solo la traición de su hijo Absalón lo que lo quebrantaba, ni el abandono de algunos de sus más cercanos aliados. Su mayor dolor era la sensación de haber perdido la Presencia de Dios, dejar atrás el arca del pacto.

Aquel que había danzado con gozo al traer el arca del pacto a Jerusalén ahora huía de su propia ciudad, sin la certeza de que la gloria de Dios aún estaba con él. Había visto lo que le ocurrió a Saúl cuando el Espíritu del Señor se apartó de él y temía que su destino fuera el mismo. No era la pérdida del trono lo que más lo afligía, sino la posibilidad de que Dios le hubiera dado la espalda.

Mientras subía la montaña, cada paso era un recordatorio de sus errores. Sabía que el caos que vivía no era solo producto de la rebelión de su hijo, sino de las semillas que él mismo había sembrado con sus decisiones pasadas.

"El pecado no solo destruye a quien lo comete, sino que deja cicatrices en generaciones enteras."

David estaba experimentando esa realidad en carne propia. Sin embargo, en medio de su dolor, David no endureció su corazón ni culpó a Dios. En su quebranto, reconoció su necesidad absoluta del Señor. No trató de aferrarse a su poder como rey ni buscó resolver la crisis con la fuerza de su ejército. En lugar de ello, humillado y despojado de todo orgullo, confió en que Dios, en su soberanía, decidiría si aún hallase gracia delante de Él.

Esta subida al Monte de los Olivos se convirtió en una lección de dependencia y rendición. David aprendió que no hay trono, gloria ni victoria que valga la pena si la Presencia de Dios no está con uno, pero esta escuela le sirvió para evidenciar de igual manera qué era lo realmente importante para la vida del rey David; que no amaba un palacio, un trono o una corona más que su Presencia.

Aprendió que el dolor puede ser el cincel con el que Dios esculpe un corazón más puro. Y aprendió que, aunque las circunstancias sean inciertas, un corazón arrepentido y humilde siempre encontrará misericordia en las manos del Padre; a no guardar resentimiento por el mal recibido, sino a enfocarse en otras áreas como por ejemplo la evidencia de la misericordia.

> *Y David subió la cuesta de los Olivos; y la subió llorando, llevando la cabeza cubierta y los pies descalzos. También todo el pueblo que tenía consigo cubrió cada uno su cabeza, e iban llorando mientras subían.*
>
> 2 SAMUEL 15:30

La historia no terminó en el llanto. Dios restauró a David, lo sostuvo en su quebranto y le permitió ver su fidelidad una vez más. No fue su fuerza lo que lo mantuvo en pie, sino su decisión de no alejarse del Señor, aun cuando todo parecía perdido. David nos deja el testimonio de que no hay caída que Dios no pueda redimir y que la verdadera pérdida no es el poder o la posición, sino alejarse de su Presencia. Porque en su Presencia hay plenitud de gozo, aun en medio del sufrimiento. Si ciertamente es doloroso vivir la traición de un hijo, el amor de un padre superará las heridas.

LA RESPUESTA AL DOLOR

A pesar de todas estas lágrimas, David nunca permitió que el sufrimiento lo alejara de Dios. En sus peores momentos, en lugar de endurecer su corazón, se refugiaba en la Presencia de Dios. Escribió muchos Salmos donde expresaba su angustia, pero siempre con un espíritu de confianza en la fidelidad divina.

1) **Reconocía su dependencia de Dios** – En el Salmo 34:17-18, David proclama: "Claman los justos, y Jehová oye, y los libras de todas sus angustias. Cercano está Jehová a los quebrantados de corazón".

2) **Se arrepentía sinceramente** – En el Salmo 51, tras su pecado con Betsabé, David no solo llora su error, sino que busca la restauración: "Crea en mí, oh, Dios, un corazón limpio" (Salmo 51:10).

3) **Transformaba su dolor en adoración** – En lugar de quedarse estancado en la tristeza, David usaba su sufrimiento como una oportunidad para glorificar a Dios: "Tú cambiaste mi lamento en danza" (Salmo 30:11).

4) **Encontraba fortaleza en Dios** – En el Salmo 6:6-9, David confiesa: "Me he consumido a fuerza de gemir; todas las noches inundo de llanto mi lecho, riego mi cama con mis lágrimas". Pero en el mismo salmo, afirma que Dios ha escuchado su clamor y le dará respuesta.

David nos enseña que llorar no es señal de debilidad, sino parte del proceso de sanidad y crecimiento espiritual. En cada situación de dolor, nunca dejó de buscar a Dios, y por ello, fue llamado un hombre conforme al corazón de Dios. Su vida nos recuerda que, en la Escuela del Dolor, la clave no es evitar el sufrimiento, sino aprender a atravesarlo con fe, confiando en que Dios siempre tiene un propósito mayor. Su historia nos muestra que incluso en los momentos de mayor quebranto, la Presencia de Dios es suficiente para sostenernos y guiarnos hacia la restauración.

SECCIÓN 3

EN LAS AULAS DEL QUEBRANTO

Cuando el alma camina por el valle del quebranto descubre que las lágrimas tienen voz, propósito y fruto y que con gritos y lágrimas se escriben los más grandes testimonios.

PARTE 1

EL DOLOR QUE FORMA

En el hebreo el término mach'óv (בוֹאְכַמ) es una palabra que trasciende la simple sensación del sufrimiento físico y se adentra en el territorio del dolor existencial, espiritual y redentor. Mach'óv aparece con fuerza profética en Isaías 53:3, cuando se describe al Mesías como "varón de dolores, experimentado en quebranto" y nos muestra que el dolor no fue un accidente en la vida de Cristo, sino parte esencial de su misión.

La palabra mach'óv proviene de la raíz בָאַכ – ka'av (Strong H3510), que significa "sentir dolor", "afligirse" o "entristecerse profundamente". En su forma sustantiva, mach'óv incluye tanto el dolor físico como el peso emocional o psicológico. No es un dolor incidental, sino uno profundo, interno, continuo.

GEMATRÍA HEBREA

La gematría de בוֹאְכַמ es:

מ (Mem) = 40
כ (Kaf) = 20
א (Alef) = 1
ו (Vav) = 6
ב (Bet) = 2

Total: 69

El número 69 en la tradición judía se asocia con procesos de cambio interno y transición. Es la imagen simbólica del alma que se mueve entre el quebranto y la restauración. En contexto bíblico, es el tipo de dolor que empuja al alma hacia un nuevo nacimiento.

> "*Varón de dolores (mach'óv), experimentado en quebranto (cholî – enfermedad o aflicción)*".
>
> ISAÍAS 53:3-4

Aquí se vincula mach'óv con la redención. El Mesías no solo entendió el dolor, sino que lo encarnó.

Job fue otro de los que experimentó este dolor.

> "*Pero mientras él viva, sufrirá dolor (mach'óv) en su carne, y su alma estará de duelo*".
>
> JOB 14:22

El dolor como una condición ligada al proceso humano de reflexión existencial.

> "*¿No os conmueve a cuantos pasáis por el camino? Mirad, y ved si hay dolor (mach'óv) como mi dolor...*"
>
> LAMENTACIONES 1:12

Aquí el dolor es narrado, expuesto, compartido: una figura mesiánica que apunta también al sufrimiento de Jerusalén. En la cultura hebrea antigua, el dolor no se consideraba algo meramente físico o clínico. Era señal de tres cosas:

1. Una alerta divina.
2. Un proceso de formación.
3. Una antesala de redención.

A diferencia de las culturas paganas que huían o anestesiaban el dolor a través de rituales, el pueblo hebreo aprendía a procesarlo en comunidad, en oración y en los salmos de lamento. Jesús se inserta en esta tradición. Su dolor no fue negado; fue verbalizado, abrazado, ofrecido y parte de un plan inigualable de Salvación para todos los que creen.

Perspectiva del Reino

Desde la óptica del Reino de Dios, el dolor no es un castigo, es un maestro. Mach'óv no se presenta como algo que hay que eliminar a toda costa, sino como un fuego que cuando se atraviesa con fe, refina. En el Reino, el dolor se transforma en gloria cuando es entregado. En vez de destruirnos, nos reconstruye según el diseño del cielo. Jesús, el Varón de mach'óv, no solo llevó nuestro dolor… nos mostró cómo caminar con Él sin perder el propósito.

Entender nos hará no huir de su mach'óv, sino verlo como la escuela donde Dios forma a los suyos. No es en las plataformas ni en los elogios donde nace el llamado, sino en el crisol del quebranto. Cada lágrima, cada noche en silencio, cada ¿por qué? sin respuesta… está siendo recogido y transformado. Jesús lo caminó primero y como buen Maestro, no nos exime de la clase, pero promete estar con nosotros en ella.

El dolor no es una señal de que Dios te ha dejado, sino evidencia de que aun te está formando y en esa formación su amor es más profundo que tu herida y más grande que tu dolor.

PARTE 2

EL FRUTO DEL DOLOR

El dolor, aunque muchas veces incomprensible, no es estéril. En la escuela del sufrimiento se forjan las almas, se afinan los corazones y se moldean las vidas de quienes han sido llamados por Dios. La Biblia nos muestra que de las lágrimas y la aflicción, nacen grandes propósitos, bendiciones y frutos que, de otra manera no habrían existido.

Aunque el ser humano tiende a ver el dolor como un obstáculo, Dios lo usa como un instrumento para producir crecimiento, restauración y gloria. No es en vano, hay algo a punto de nacer. Así como la llegada de un niño a este mundo está marcada por el dolor de una madre para dar a luz una vida, de igual manera el dolor produce fruto.

De mi dolor han salido cantos, poemas, oraciones, libros, numerosas historias que Dios me ha permitido tener como testimonio para bendecir la vida de muchos que han sido el fruto de tanto dolor. Lecciones que aprendí con sufrimiento, han sido las palmadas en la espalda para muchos a los que les he dicho -ya pasó, por ahí se puede, sigue. De lo improbable Dios saca vida.

FRUTO DE ADORACIÓN Y REVELACIÓN

Uno de los frutos más hermosos del dolor es la adoración genuina. Los momentos de quebranto han inspirado algunos de los cánticos y salmos más poderosos de la historia. David, en su angustia, escribió muchos de los salmos que hoy nos consuelan y edifican. Cuando huía de Saúl y se refugiaba en las cuevas, escribió:

"Ten misericordia de mí, oh Dios, ten misericordia de mí; porque en ti ha confiado mi alma, y en la sombra de tus alas me ampararé hasta que pasen los quebrantos"

SALMO 57:1

Este y muchos otros salmos nacieron del sufrimiento y hoy siguen siendo fuente de fortaleza para incontables creyentes. Si David no hubiese atravesado el desierto de la persecución, no habría aprendido a depender plenamente de Dios y el mundo no habría recibido los salmos que hoy nos enseñan a clamar en la aflicción.

Muchas son las generaciones que han sacado de los salmos grandes enseñanzas, fuerzas. El dolor que vivió David fue el recurso que usó Dios para inspirarlo a escribir su poderosa Palabra para alimentar a su pueblo. No sé si David sabría que su dolor daría fuerzas a millones de personas. ¿Crees que no saldrán cosas hermosas de tus más grandes batallas, de los ríos de tus lágrimas y del angustiante dolor?

En el Nuevo Testamento Juan el Apóstol recibió la revelación del Apocalipsis en la isla de Patmos, un lugar de exilio y sufrimiento. Allí, lejos de la comodidad y el contacto humano, Dios le mostró el futuro glorioso de la iglesia y el fin de los tiempos. El dolor que pudo haber sido castigo, se convirtió en una plataforma para traer una de las mayores revelaciones de la historia.

El dolor del exilio dio a luz experiencias inigualables. Su soledad fue la herramienta que usó Dios para llevarlo en el espíritu a ver cosas preciosas. Pudo ver el final de los tiempos. Recibió por medio de ángeles un tur celestial y pudo ver al Hijo del Hombre, todo esto fruto de su dolor.

UNA DESCENDENCIA BENDECIDA

El dolor también es el terreno donde nacen hijos de propósito. Ana, la madre de Samuel, lloró amargamente por años debido a su esterilidad. Su aflicción la llevó a clamar con un fervor que conmovió el corazón de Dios:

"Con amargura de alma oró a Jehová, y lloró abundantemente"
1 SAMUEL 1:10

Su dolor no fue en vano. De sus lágrimas nació Samuel, el profeta que ungiría reyes y cambiaría la historia de Israel. Muchas veces, las temporadas de aflicción preparan el camino para generaciones futuras que llevarán la gloria de Dios a niveles insospechados. Lo menos que imaginaba la mujer burlada y menospreciada era que de tanto dolor saldría un profeta del calibre de Samuel. La mujer que sentía que Dios la ignoraba, fue la madre del hombre a quien Dios le hablaba.

"El pasado o presente de un hombre no define su futuro.

José es vendido por sus propios hermanos y llevado a Egipto como esclavo. La triste historia de un jovencito de casa amado por su padre, envidiado demás por sus hermanos y producto de esa envidia lo expusieron a vivir los peores capítulos de su vida, alejado de todo lo que conocía, de su hogar, de su familia, de los suyos. Sufrió injusticias y prisión producto de su integridad. Sin embargo, su sufrimiento no lo destruyó. Su Escuela del Dolor le dio el más hermoso de los frutos, el cumplimiento de un sueño. Dios lo posicionó como el gobernador de todo Egipto. Cuando finalmente se reencontró con sus hermanos, declaró:

"Vosotros pensasteis mal contra mí, mas Dios lo encaminó a bien"
GÉNESIS 50:20

José llego a sentir gratitud por lo que había vivido. Entendía que el dolor de lo vivido solo había sido un camino para alcanzar lo prometido. El fruto de tanto dolor fue poder alcanzar la promesa de Dios para él y ese dolor de José preservó la vida de su familia y dio nacimiento a la nación de Israel en Egipto: alimentó al hambriento y evitó que una hambruna destruyera a un imperio. Su historia nos recuerda que el sufrimiento no es el final de la historia, sino la semilla de algo mucho más grande.

CRECIMIENTO Y MADUREZ

Cuando tenía alrededor de doce años sufrí de fuertes dolores en mis piernas y mis pies. Pasaba largas noches sufriendo. Recuerdo que incluso amarraba mis rodillas para evitar sentir el dolor. Hubo noches en que los analgésicos no hacían efecto ninguno. Mi abuela frotaba mentol y cubría mis piernas para que este entrara y penetrara hasta los huesos y calmara las punzadas y recuerdo que mi mamá me sacó una cita para visitar al ortopédico luego de muchos exámenes, de hacer rayos X.

El doctor lo justificó de esta manera: - es el dolor del crecimiento. Él nos explicó que hay una etapa de crecimiento acelerado y al todo estar modificándose hay un leve dolor físico como la evidencia de lo que está pasando en el interior de nuestro cuerpo ¿Acaso crees que el crecimiento es indoloro? Pues no, duele y ese dolor es la señal de que algo está pasando en el interior. Quién no ha sacado las mejores lecciones de las más grandes aflicciones. La prueba del sufrimiento no solo genera frutos en lo externo, sino en el interior del hombre. Dios nos habla en el libro de Santiago y nos exhorta a ver el dolor como un proceso que produce madurez:

> *"Hermanos míos, tened por sumo gozo cuando os halléis en diversas pruebas, sabiendo que la prueba de vuestra fe produce paciencia"*
>
> SANTIAGO 1:2-3

Cada lágrima derramada en la Presencia de Dios es una semilla que produce perseverancia, fe y crecimiento. El creyente que nunca ha atravesado el valle del dolor no conoce la profundidad del consuelo divino. Es en los momentos de prueba donde el carácter se forja y la fe se fortalece. Solo cuando no puedes hacer nada es que aprendes a esperar que Dios obre.

Pablo, uno de los mayores ejemplos de sufrimiento en el Nuevo Testamento, entendió que sus aflicciones eran el camino a una gloria mayor.

> *"Porque esta leve tribulación momentánea produce en nosotros un cada vez más excelente y eterno peso de gloria"*
>
> 2 CORINTIOS 4:17

Todo lo vivido produce cosas extraordinarias y la intención del Espíritu Santo mientras lees estas líneas es que entiendas que todo lo que viviste y lo que estás viviendo tiene un fruto que, aunque todavía no lo veas, no significa que no se está gestando. Hay una gran gloria que se carga producto de los procesos. La vida de los más grandes hombres de Dios estuvo marcada por el dolor y el sufrimiento y todas ellas fueron una herramienta de promoción en sus vidas. En el caso del Apóstol Pablo su dolor dio frutos para que El Espíritu Santo lo usara para escribir sus cartas dirigidas a la iglesia del cordero.

Aunque ciertamente muchos no aprenden del dolor y quedan presos de este y sus vidas y propósitos se estancan, hemos escuchado las historias de grandes hombres de Dios cuyo dolor dio fruto en miles por muchas cosas impactantes y en la congregación. El testimonio del Yiyi Ávila, un gran siervo de Dios, al perdonar al asesino de su hija, ha sido una lección de perdón para miles y miles de almas que siguen presas del dolor de lo vivido y que al escuchar su testimonio cambian su perspectiva. Esto no significa que él no haya sufrido profundamente, sino que convirtió su dolor en perdón, y este a su vez dio fruto a la salvación del alma de quien arrebató la de su hija.

CERCANOS A DIOS

El fruto más valioso del sufrimiento es el reencuentro con Dios. En el caso de Job, su dolor lo llevó a experimentar a Dios de una manera más profunda. Después de perder todo, confesó:

"De oídas te había oído; mas ahora mis ojos te ven"

JOB 42:5

No fue en su prosperidad, sino en su quebrantamiento donde conoció verdaderamente a Dios. En su abundancia conoció los beneficios de Dios, pero en su dolor conoció su consuelo. Su sufrimiento fue grande, pero lo llevó a entender que con gloria siempre habrá muchos a tu alrededor, pero en medio del dolor aprendes a mirar quiénes realmente están a tu lado a pesar de no tener nada.

Con una mano podía Job contar los que permanecieron con él: su esposa, sus tres amigos y Dios. Cuando todos te abandonan, en el silencio, como resultado de la ausencia de la familia, los amigos y los conocidos, es donde se vuelve más fuerte la voz y Presencia de Dios para contigo. Cuando el dolor es llevado a la Presencia de Dios, no destruye, edifica. Nos vuelve más sensibles a su voz, más dependientes de su gracia y más conscientes de su amor.

FRUTO DE VICTORIA

El dolor es la antesala de la victoria. Jesús mismo pasó por el sufrimiento más profundo antes de la resurrección. Fue traicionado, acusado, sentenciado injustamente, humillado, azotado, torturado y crucificado. Pero su dolor no fue el final de la historia, sí una parada imprescindible para la gran victoria.

"Verá el fruto de la aflicción de su alma, y quedará satisfecho"
ISAÍAS 53:11

La cruz no fue una derrota, sino la semilla de la salvación de la humanidad. Sin la cruz, no habría resurrección; sin el sufrimiento de Cristo, no habría redención. Su dolor fue el pago para dar fruto a la salvación de la cual hoy somos parte sin tener que pagar nada.

De la misma manera, cada sufrimiento en nuestra vida, si es puesto en las manos de Dios, dará frutos de gloria. Nada es desperdiciado en su reino. Cada lágrima tiene un propósito y cada herida puede ser usada para traer vida a otros.

El dolor no es el final, sino el inicio de algo más grande. Es el crisol donde se purifica la fe, el terreno donde nacen nuevos comienzos y la escuela donde aprendemos las lecciones más profundas de la vida. Cada personaje bíblico que experimentó sufrimiento vio el fruto de su aflicción. Yo he experimentado sufrimientos que le han dado fruto a cosas tan hermosas como este libro que hoy estás disfrutando.

PARTE 3

EL VALLE DE SOMBRA DE MUERTE

Quién no ha escuchado, leyendo o cantado sobre el valle de sombra de muerte. Esta no es solo una parte de uno de los salmos más conocidos, el 23. Siendo una niña fue uno de los primeros que aprendí, pero no es solo una frase con una gran profundidad, sino que es un lugar real utilizado por los pastores para llevar las ovejas a la zona segura donde solían pasar el invierno. Este valle está situado al sur de Jericó en dirección al mar muerto y tiene alrededor de 7.5 km de largo. Sus paredes de roca alcanzan hasta 500 metros de altura y en algunas partes del camino hay unos lugares tan estrechos que las ovejas no pueden darse la vuelta.

Además, es muy peligroso porque está lleno de hendiduras y barrancos. En el tiempo de David muchos rebaños tenían que atravesar este pasaje al menos una vez al año, debido al calor tan fuerte, debían pasarlo o al rayar el alba o al atardecer lo que aumentaba el peligro. Cuando David escribe sobre el valle de sombra de muerte nos estaba haciendo entender que hay lugares de extremo peligro que nos toca pasar pero que, en medio del dolor del alma, debemos aprender a tener la seguridad de que no lo pasamos solos, sino que no temeremos porque Él está con nosotros.

El Salmo 23 también uno de los más profundos. Entre sus versos de esperanza y confianza, encontramos una declaración que resuena en lo más profundo del alma humana:

> *"Aunque ande en valle de sombra de muerte, no temeré mal alguno, porque tú estarás conmigo"*
>
> SALMO 23:4

El dolor, el sufrimiento y la aflicción no son evitables, pero la Presencia de Dios en medio de ellos es nuestra mayor seguridad. El dolor es un maestro que nos enseña que el Señor nunca nos deja.

EL VALLE NO ES EL FINAL

El valle de sombra de muerte representa esos momentos en los que sentimos que todo a nuestro alrededor se oscurece. Puede ser una pérdida, una traición, una enfermedad o una crisis profunda que amenaza con consumirnos. La imagen del valle sugiere un lugar de profundidad, de soledad, de incertidumbre. Sin embargo, el salmista no dice "moriré en el valle", sino "ando en el valle". Esto significa que el valle es una temporada, no un destino; que por muy fuerte que sea el dolor no es el final de un proceso, sino solo un lugar de paso.

Cuando enfrentamos el sufrimiento, es fácil creer que nunca saldremos de él, que siempre nos sentiremos así. Pero Dios nos asegura que el valle no es permanente. Lo atravesamos, pero no nos quedamos en él. La clave es recordar que Dios no nos abandona en el valle. Él camina con nosotros en medio de la oscuridad.

EL VALLE DE LA PRUEBA

Uno de los ejemplos más poderosos de un hombre que caminó en el valle de sombra de muerte fue Job. Este hombre justo perdió todo en un solo día: su riqueza, su familia y su salud. Se encontró en un estado de sufrimiento tan profundo que deseó no haber nacido. Sin embargo, a pesar de su dolor, Job declaró:

"Yo sé que mi Redentor vive, y al fin se levantará sobre el polvo"
JOB 19:25

Job no entendía por qué Dios permitía su sufrimiento, pero nunca dejó de confiar en Él. Al final, Dios restauró su vida y le dio el doble de lo que había perdido. Su historia nos enseña que, aunque el valle sea largo y oscuro, Dios tiene un propósito y un final de restauración para quienes confían en Él.

SOMBRA DE LA MUERTE

El versículo no dice que es el valle de la muerte, sino el valle de sombra de muerte. Una sombra puede ser aterradora, pero no tiene poder real. La sombra de un león no puede morder. La sombra de una espada no puede herir. De la misma manera, la muerte ha sido derrotada por Cristo en la cruz y aunque su sombra nos alcance, no tiene poder sobre nosotros.

Jesús mismo pasó por este valle cuando estuvo en Getsemaní. Allí sintió la angustia de la muerte, el peso del pecado de la humanidad y la separación del Padre. Pero siguió adelante, sabiendo que la cruz no era el final. Su victoria nos asegura que, aunque pasemos por valles oscuros, la sombra de la muerte no es nuestro destino final.

David conocía muy bien lo que era caminar en valles oscuros. Antes de ser rey, pasó años huyendo de Saúl, quien intentó matarlo varias veces. En una ocasión, se escondió en la cueva de Adulam (1 Samuel 22:1) un lugar de refugio, pero también de desesperación.

Allí, rodeado de personas en angustia y con su vida en peligro, David escribió algunos de los salmos más hermosos de confianza en Dios. Aprendió que el valle no era su final. Dios lo estaba formando, preparándolo para el trono. Su historia nos recuerda que cuando estamos en el valle, Dios nos está equipando para lo que viene.

NO TEMERÉ MAL ALGUNO

El temor es una de las armas más poderosas del enemigo. Cuando estamos en el valle, nuestra mente se llena de dudas y preguntas: ¿Cómo voy a salir de esto? ¿Dónde está Dios en mi sufrimiento? ¿Por qué permite que pase por esto? Sin embargo, la declaración del salmista es clara: "No temeré mal alguno". No dice: "no sentiré dolor" o "no pasaré por dificultades". Lo que afirma es que el temor no lo dominará.

"El dolor es real, pero el miedo es opcional."

La clave para vencer el temor en el valle es recordar la razón que el salmista da: "Porque Tú estarás conmigo». No es nuestra fuerza ni nuestra inteligencia ni nuestras soluciones humanas lo que nos da paz, sino la certeza de que Dios está con nosotros.

LA VARA Y EL CAYADO

El salmista menciona dos elementos que traen consuelo en el valle: la vara y el cayado de Dios.

La vara era un instrumento de protección. Se usaba para defender al rebaño de los depredadores. En medio del valle, Dios nos protege de los ataques del enemigo. No siempre entendemos cómo, pero su mano nos guarda.

El cayado era un instrumento de dirección. Con él, el pastor guiaba a las ovejas y las corregía cuando se desviaban del camino. A veces, el valle es una escuela donde Dios nos corrige y nos dirige de vuelta al propósito.

Si estamos en el valle, podemos confiar en que Dios no solo nos protege, sino que también nos está guiando. Cada paso en el valle tiene un propósito y Dios lo usa para moldearnos y fortalecernos.

Pablo sufrió más que la mayoría de los creyentes en la historia. Fue azotado, encarcelado, apedreado y naufragó varias veces. Pero en medio de su sufrimiento:

> *"Bástate mi gracia; porque mi poder se perfecciona en la debilidad"*
>
> 2 CORINTIOS 12:9

Pablo entendió que su valle no era en vano. Dios usó su sufrimiento para mostrar Su poder, para fortalecer su carácter y para impactar a generaciones con sus cartas inspiradas.

LA PROMESA DE LA PRESENCIA DE DIOS

El mayor consuelo en el valle no es la promesa de que saldremos pronto, sino la certeza de que Dios está con nosotros en cada paso. Dios no nos observa desde lejos; Él camina con nosotros. Jesús es el Buen Pastor que guía a sus ovejas incluso en los momentos más oscuros.

Si hoy te encuentras en el valle de sombra de muerte, recuerda que el valle no define tu destino, Dios sí. Sigue caminando, sigue confiando porque Él está contigo.

PARTE 4

EL GRITO QUE SILENCIÓ LA SENTENCIA

El Calvario no fue un accidente ni un simple evento histórico. Fue el epicentro del amor divino y la redención de la humanidad. Cada latigazo, cada espina clavada en su frente, cada clavo atravesando sus manos y pies, debían ser nuestros. La cruz no le pertenecía a Él, sino a nosotros. El dolor que desgarró su carne debía haber sido el nuestro. Pero Jesús lo tomó voluntariamente. Y en ese último aliento, en ese grito desgarrador, el eco del juicio que viajaba desde Adán hasta ese momento contra nosotros, se apagó para siempre. Las voces de las potestades que gritaban los decretos en nuestra contra se silenciaron. El silencio del cordero fue el que calló por siempre mi sentencia de muerte como la paga del pecado.

EL PESO DE LA SENTENCIA

Cuando hablamos de la cruz de Cristo, vemos todo lo que Él hizo por nosotros. La salvación comenzó y culminó en la cruz del Calvario. Es por ello que al hablar del sacrificio de Jesús lo primero que deberíamos decir es -ese era nuestro dolor. En el Antiguo Testamento hay un divorcio del Señor con Israel y, por ende, cuatrocientos años de silencio en los que el Señor no habló. En ese tiempo la gente seguía sacrificando, pero el Señor no respondía. Y de pronto aparece Cristo, quien renuncia a todo. Se despoja de toda gloria, poder, alabanza y se hace carne.

Como un simple hombre un día comienza su ministerio, el cual tenía un gran final, que era la muerte. Muchas veces pensamos que terminar bien un ministerio, es terminar en grandeza y vemos que Jesús terminó bien, pero al precio de su muerte. Su final era el proceso de dolor más grande que ha conocido la humanidad. Por mucho que entendamos y veamos lo que Jesús hizo en la cruz, lo que debe estar marcado en nuestro corazón, es que éramos nosotros los que debíamos estar ahí. Yo debía estar en esa cruz, aunque muchas veces hablamos de ello, se nos olvida que todo ese dolor era nuestro, toda esa aflicción nos pertenecía. Ese era nuestro lugar.

Desde el principio, la humanidad estuvo bajo condena. El pecado nos separó de Dios, nos convirtió en esclavos de nuestra propia corrupción y nos dejó sin esperanzas. Una separación que estableció el pecado, el gran silencio de Dios, las únicas voces que se escuchaban solo nos condenaban. La ley no nos salvaba, sino que nos hacía esclavos. El acta de decretos estaba en nuestra contra; había legalidad de las tinieblas sobre la humanidad que era incapaz de redimirse por sí sola.

"Porque la paga del pecado es muerte"

ROMANOS 6:23

En medio de una sentencia de muerte que pesaba sobre nosotros, la justicia divina exigía un pago, un castigo que ninguno de nosotros podía evitar.

Cada uno de nosotros llevaba una deuda impagable, una culpa inscrita con tinta indeleble en el libro del juicio divino. No había escape. No había absolución posible bajo la ley. Cada mentira, cada pensamiento impuro, cada acto de rebelión contra Dios acumulaba peso sobre nuestros hombros. El alma humana estaba destinada a sufrir la separación eterna del Creador. La cruz era nuestro destino, el castigo justo por nuestra transgresión.

Pero en medio de nuestra ruina, cuando todo parecía perdido, un sustituto apareció. Jesús, el Cordero de Dios sin mancha, eligió tomar nuestro lugar. Él no solo tomó nuestro pecado, sino que experimentó el juicio que merecíamos, el castigo completo por nuestra rebelión. Su sacrificio fue más que un acto de amor; fue un acto de justicia.

MI DOLOR EN OTRO CUERPO

En el Antiguo Testamento, el pueblo de Dios debía ofrecer sacrificios cada año. Tenían que llevar su mejor ofrenda, su mejor animal, lo mejor que tenían para entregarlo en expiación por sus pecados. Nadie podía pasar este día por alto. Llevar ese animal cargado sobre ellos, era la evidencia de su pecado, una manera visible de cargar su propia cruz.

Pero esos sacrificios se volvieron un ritual vacío. Una curita para un gran mal. Dios guardó silencio y no respondió a los sacrificios. Hasta que apareció Cristo, quien renunció a todo, se despojó de su gloria y tomó forma de siervo. Él sabía que su ministerio tenía un final marcado: la muerte.

Desde el huerto de Getsemaní, Jesús comenzó a cargar con el peso de nuestra culpa. Su sudor se convirtió en sangre, un reflejo del tormento interno que lo consumía. No era el temor al sufrimiento físico lo que lo angustió hasta la muerte, sino la carga de nuestros pecados sobre su alma perfecta.

Los látigos que desgarraron su espalda debían haber sido nuestros. Cada golpe era un castigo merecido por nuestra rebelión. Cuando los soldados lo escupieron, lo golpearon y le arrancaron la barba, estaban burlándose de nosotros, de nuestra vergüenza y nuestra culpa. Cuando le colocaron la corona de espinas, lo coronaron con el símbolo de la maldición que debía ser nuestra.

En el camino al Calvario, Jesús llevó sobre sus hombros la cruz que debía haber sido nuestra. Cada paso fue un acto de amor; cada caída una muestra de su voluntad de cargar nuestra culpa. Su cuerpo debilitado y ensangrentado reflejaba el precio que estaba pagando por nuestra libertad. Los clavos que perforaron sus manos y pies nos recuerdan que la condena no quedó en palabras, sino en una ejecución brutal y real.

EL GRITO DE LA REDENCIÓN

Entonces llegó el momento culminante. Después de horas de sufrimiento, con su cuerpo destrozado y su alma sumida en la más profunda oscuridad, Jesús alzó la voz con un grito que resonó a través de los siglos:

"Consumado es"

JUAN 19:30

No fue un grito de derrota, sino de victoria. Fue la proclamación de que la deuda había sido pagada en su totalidad, la justicia de Dios había sido satisfecha y el pecado y la muerte habían sido vencidos.

Ese grito calló mi sentencia. En ese instante, la culpa que me pertenecía fue arrancada y destruida. La lista de cargos en mi contra fue clavada en la cruz y borrada con la sangre del Cordero. "Anulando el acta de los decretos que había contra nosotros, que nos era contraria, quitándola de en medio y clavándola en la cruz" (Colosenses 2:14).

Jesús tomó mi lugar. Su grito final fue el sonido de mi libertad, el rugido de la gracia que ahogó la voz de la condenación. El juez divino no solo declaró "inocente", sino "justificado" a todo aquel que se acoge a la obra de Cristo.

GRATITUD EN LUGAR DE TEMOR

Nuestra fe muchas veces está basada en el temor de no querer ir al infierno y en ganarnos un lugar en el cielo. Pero ¿es esa la verdadera esencia del Evangelio? Si amamos a Dios solo porque tememos el castigo, entonces no hemos comprendido la profundidad de su sacrificio. La cruz no se trata de evitar el infierno; se trata de entender que Jesús ya pagó por nosotros.

Jesús descendió a lo más profundo voluntariamente. En la cruz no solo fue golpeado y herido físicamente, sino que experimentó el abandono divino. "Si puedes, pasa de mí esta copa", clamó en Getsemaní. ¿Qué copa? La copa de la ira de Dios. Jesús no temía la muerte, sino perder al Padre, porque sabía que el pecado haría que Dios apartara su rostro de Él.

La salvación no es una transacción basada en miedo, sino un regalo que debe despertar gratitud. No se trata de "tengo que" hacer algo para recibir la bendición, sino de "quiero" vivir en obediencia por amor a aquel que lo dio todo por mí.

Mi gratitud por saber que Él voluntariamente soportó el dolor que me correspondía, es suficiente para vivir en santidad y decirle NO al pecado. Hoy no faltan los predicadores que promueven un mensaje basado en las recompensas o en las consecuencias, pero escasean los que nos hacen mirar a Cristo como el que decidió pasar un capítulo muy fuerte de la Escuela del Dolor para sacarnos vencedores, pagando el precio con su vida.

Si Jesús pagó mi condena, si su dolor extinguió mi sentencia ¿cómo puedo seguir viviendo como si aun estuviera encadenado? La cruz no es solo un evento pasado, sino una realidad presente que transforma mi vida. Ya no vivo bajo el peso de la culpa, sino en la libertad gloriosa de los hijos de Dios. Ya no camino con temor a la muerte, porque Jesús la derrotó en mi lugar.

Cada vez que el enemigo intenta recordarme mi pasado, puedo señalar la cruz y decir: **"Su Grito Calló Mi Sentencia"**. Cada vez que el miedo y la culpa intentan susurrar que no soy digno, puedo responder: "Consumado es". Porque lo que Jesús hizo es irrevocable, eterno y suficiente.

Su dolor era solo un daño colateral para una victoria eterna: la salvación por gracia de toda la humanidad. Satanás no sabía que mientras por un breve momento lo hacía sufrir, ese sufrimiento sería la victoria sobre él y sus aliados que terminarían siendo exhibidos y derrotados públicamente.

> *"El dolor no es tu enemigo, es un aliado para llevarte a un propósito más grande de lo que puedes imaginar."*

Hoy, la cruz sigue de pie como un testimonio inquebrantable de un amor que no se rinde, de un sacrificio que lo cambió todo y de un grito que todavía resuena en la eternidad. Un grito que no fue de derrota, sino de victoria. Un grito que al sonar, calló mi sentencia para siempre. Su grito de ¡Consumado es! fue el que calló a todas las huestes espirituales de maldad, a las potestades y principados que como eco gritaban en mi contra, pero mi sentencia fue callada.

PARTE 5

EL LIBRO DE LAS LÁGRIMAS

Dios tiene contabilidad de todo. Muchas veces decimos que tiene contados nuestros cabellos, nuestros días, incluso Dios tiene registro de nuestros procesos, de nuestro dolor y aun más, de nuestras lágrimas. Aunque en muchas ocasiones creemos que todo nuestro dolor ha sido en vano, que nuestro sufrimiento fue muy en lo secreto y que nadie está consciente de lo que hemos vivido en su totalidad, la verdad es que no existe una lágrima desperdiciada. Cada una de ellas tiene el poder de cambiar una situación y más que eso, son contabilizadas y registradas por Dios.

La composición química de las lágrimas cambia significativamente dependiendo del sentimiento o la emoción que la provocó. No es lo mismo llorar de alegría que llorar por dolor o llorar por cortar una cebolla. Y aunque más de uno diría -lágrimas por lágrimas es igual a lágrima, pues no, porque cada una es totalmente diferente a la otra. Aunque todas se originan en el mismo lugar y su apariencia es igual, hay una notable diferencia entre ellas.

Las basales: son las lágrimas naturales que se producen todo el tiempo para lubricar y humedecer el ojo.

Las fingidas: son las lágrimas falsas, las que muchas veces en mi país escuché mencionar como lágrimas de cocodrilo.

Las reales: cuando se sienten emociones fuertes como dolor, tristeza, esa composición es totalmente diferente.

Las lágrimas químicamente también son diferentes. En lo espiritual de igual forma, cada lágrima es distinta porque Dios que conoce el corazón y la intención, sabe y clasifica todas las cosas.

Mis huidas tú has contado; Pon mis lágrimas en tu redoma; ¿No están ellas en tu libro?

SALMOS 56:8

David deja claro el cuidado y control de Dios sobre su vida. Estaba seguro de que en cada situación negativa está Dios, de que en las dificultades y persecuciones él había aprendido a reconocer la intervención divina y en tantos intentos por eliminarlo, vio a Dios preservarlo.

Entendamos un poco el contexto del momento del Salmo 56. David estaba cautivo en Gat. Su vida peligraba y lleno de temor por estar rodeado de enemigos y sabiendo que en cualquier momento podrían matarle, él depositaba su confianza en Dios. Y en medio de esa situación, de tanta desesperación dice que se estaban contando y registrando sus batallas y resaltando que el sufrimiento es temporal y que tiene consecuencias.

LAS LÁGRIMAS DE DESESPERACIÓN

En la Biblia vemos muchas palabras que nos permiten entender el significado de desesperación como una angustia extrema, es la falta de esperanza o pérdida de la misma. Cuando oímos o leemos sobre la desesperación, podemos entender que alude a un estado emocional y espiritual. Job llega a decir que las palabras de un desesperado son como el viento (Job 6:26) Muestra que cuando alguien está desesperado, sus palabras parecen sin sentido. Un profundo y abrumador desánimo inunda todo el ser.

"El desespero puede ser el punto más oscuro, pero también es donde Dios puede brillar con más fuerza."

Uno de los hombres que pasó La Escuela del Dolor en todas sus facetas fue David. Este hombre la pasó desde temprana edad hasta su partida. Un hombre de batalla, un hombre de guerra, impulsivo, pero que vivía dentro de una cautividad interna porque, aunque saltaba, danzaba, escribía salmos, tenía una batalla interna.

Al ver a la esposa de uno de sus valientes soldados cae en adulterio. Quién no conoce la historia de David. Pero su batalla era ancestral. Rut la moabita era su ancestro, por ende, su batalla contra el incesto, contra la inmoralidad, las luchas internas, eran grandes, fue movido por impulsos de su genética y aunque peleó y falló, no faltaron sus lágrimas por la desesperación.

Las lágrimas son el lenguaje silencioso del alma cuando las palabras ya no alcanzan. El desespero humano se manifiesta en llanto, en un clamor que rasga el cielo y que muchas veces, parece quedar sin respuesta inmediata. El desespero es un maestro que moldea, prueba y revela lo que hay en el corazón, el nivel de fe, mansedumbre, paciencia. David clamaba pidiéndole a Dios que guardara sus lágrimas, que las anotara. Él sabía que en algún momento vería la recompensa de tanto dolor.

David, el hombre conforme al corazón de Dios, experimentó la angustia del desespero en muchas ocasiones y por múltiples razones e inspirado por el Espíritu Santo nos dejó registro.

> *"Me he consumido a fuerza de gemir; todas las noches inundo de llanto mi lecho, riego mi cama con mis lágrimas."*
> SALMOS 6:6

Aquí, la palabra análoga para "llanto" es "dim'á" (הָעְמִד - Strong H1832) que implica un derramamiento continuo de lágrimas. No es un llanto ocasional, sino un desbordamiento incontrolable de sufrimiento. El desespero de David fue producto de la traición, la persecución y la aparente ausencia de Dios, un cuadro que podemos interpretar como un estado depresivo.

Sin embargo, en la Escuela del Dolor, David aprendió que sus lágrimas no se perdían en el vacío. Dios no ignora las lágrimas del desespero, las registra y las guarda. David descubrió que el llanto humano tiene un propósito divino: las lágrimas de hoy pueden convertirse en testimonios de mañana. Todo lo que lloras hoy, será la historia que entregarás como testimonio a otros.

EL DOLOR ROMPE AL HOMBRE

Pocos personajes bíblicos sufrieron tanto como Job. Fue un proceso tan doloroso. El dolor y el proceso de Job están marcados por una transformación profunda, donde las lágrimas no solo son una expresión de su sufrimiento, sino también un testimonio de su resistencia y aprendizaje. Un hombre justo y temeroso de Dios, es sometido a una prueba extrema en la que pierde sus bienes, su salud y su familia. En medio de su angustia, su llanto se convierte en un lenguaje de lamento, cuestionamiento y finalmente, restauración. Sus lágrimas nos muestran que había abundantes motivos para llorar; serán solo un desahogo emocional.

1) Lamento y duelo – En Job 16:20, él mismo dice: "Mis amigos son mis burladores, pero ante Dios derramo mis lágrimas." (NVI). Aquí, sus lágrimas reflejan la profundidad de su sufrimiento.

2) Un clamor por justicia – Job no entiende por qué sufre si ha sido íntegro. Su dolor se convierte en un grito por respuestas y justicia divina. Job 10:1-3

3) Un proceso de purificación – A lo largo de sus discursos, las lágrimas de Job lo llevan a una mayor comprensión de Dios. En Job 42:5 dice: "De oídas te había oído; mas ahora mis ojos te ven". Aquí, las lágrimas han limpiado su visión y lo han llevado a una revelación más profunda.

La ruptura del hombre interior: Job pierde todo cuanto lo definía externamente, pero su integridad es puesta a prueba internamente. El dolor rompe sus certezas, pero no destruye su fe. La queja como parte del proceso: Job no sufre en silencio, sino que expresa su dolor, su rabia y su incomprensión. Sin embargo, al final, su diálogo con Dios le permite ver una realidad mayor.

Dios restaura a Job, no solo en bienes materiales, sino en su conocimiento de lo divino. Sus lágrimas lo llevan a un lugar de mayor entendimiento y gracia. En la vida, el dolor y las lágrimas pueden ser un vehículo de transformación que sin darnos cuenta nos enseñen las más grandes lecciones. No todas las lágrimas son de derrota; algunas son el puente hacia una comprensión más profunda de la misericordia de Dios.

> *"El dolor puede rompernos, pero también puede reconstruirnos en una versión más fuerte y sabia de nosotros mismos."*

La queja no es el problema; lo importante es a quién se la dirigimos. Job se quejó, pero lo hizo delante de Dios. Las lágrimas de Job no solo fueron un desahogo, sino la tinta con la que se escribió uno de los testimonios de fe más poderosos en medio del sufrimiento. Uno tan fuerte que hasta el día de hoy seguimos hablando de su proceso y aprendiendo de él.

> *"Mis amigos me escarnecen, pero mis ojos derraman lágrimas delante de Dios."*
>
> JOB 16:20

La palabra hebrea utilizada aquí para "lágrimas" es "dema" (עִמְדָ - Strong H1832) similar a la de David, pero con una connotación de lamento incesante. Job no solo llora por su pérdida, sino por la injusticia de su situación.

Aquí vemos una lección profunda de la Escuela del Dolor: las lágrimas del desespero pueden nublar la visión, incluso hacernos maldecir (decir mal). Es en los procesos donde con más facilidad abrimos nuestra boca para pronunciar frases que no deberíamos, dejamos que hablen nuestras emociones y que el dolor pronuncie un discurso en lugar de ponerlas en orden y hacerlas callar. No podemos evitar sentir, es imposible, pero sí podemos aprender a no ser manejados por los sentimientos y usar el dominio propio que es un regalo divino.

De niña escuché muchas veces esta frase: -Mi aguacero no escampa. Esta expresión es una profunda queja a las constantes pruebas o situaciones adversas, cuando ya no se puede más. Es un grito profundo del alma, cuando se acumulan las situaciones por arreglar y aun no has terminado con la anterior y llega la otra. Cuando no se logran asentar los sentimientos y pensamientos que permanecen en constante ebullición. Eso se llama desesperación, llegar al punto donde no hay salida aparente ni solución inmediata. Donde se lucha contra la impotencia de no poder hacer nada y tener que esperar en medio del caos, del dolor, de la tristeza, del luto.

El desespero de Job lo lleva a un punto crítico. Eran tantas las razones por las cuales llorar, su luto general, el dolor de la pérdida de todos sus recursos, los cuales representaban la bendición de Dios, la ausencia de los amigos, la reputación perdida, la salud ausente, sentirse nada físicamente, emocionalmente, económicamente. Todo lo que vivía era el recuerdo de lo que fue y llega a sentirse abandonado por Dios. Pero en medio del desespero, Job declara:

"Yo sé que mi Redentor vive, y al fin se levantará sobre el polvo."
JOB 19:25

Por muy fuerte que sea el proceso, el dolor que estés viviendo, no puedes permitir que borren la verdad de Dios en tu vida. Lo peor que podemos hacer es intentar entender el proceso que estamos pasando, en lugar de buscar el propósito de este. Job no entendía su sufrimiento, pero su fe permanecía intacta.

EL CLAMOR DE UN ALMA AFLIGIDA

Ana, la madre del profeta Samuel lloró "con amargura de alma" delante del Señor (1 Samuel 1:10). Su aflicción era tan intensa que el sacerdote Elí pensó que estaba ebria. Sus lágrimas no eran solo de tristeza, sino de un profundo desespero que la hacía sentirse olvidada y marginada. La burla constante a la que era expuesta a causa de su infertilidad la agobiaba hasta llevarla a sentirse infeliz.

Ana aprendió que las lágrimas pueden ser un sacrificio delante de Dios, una ofrenda agradable o un arma poderosa para sacar el dolor interno y ser escuchado. No fueron lágrimas en vano, sino que su desespero la llevó a un altar, donde su oración se convirtió en un pacto con Dios y sus lágrimas en una ofrenda sincera.

En el hebreo, la palabra usada para "llorar" en este pasaje es "bākâ" (הָכָב - Strong H1058) que no es un simple llanto, sino un gemido profundo, un lamento desde lo más íntimo del ser. Ana no solo derramó lágrimas, sino que derramó su alma (1 Samuel 1:15) y nos enseñó que hay un nivel de desespero que transforma el llanto en oración y la desesperanza en súplica ferviente.

Si se aflige tu alma ve al altar; corre a la Presencia del Señor. Este es el lugar donde las lágrimas tienen un valor extra e incalculable, donde somos escuchados. Derramarnos en su Presencia nos hace decirle con nuestros actos que dependemos de Él, que depositamos nuestra confianza en su Presencia, que reconocemos que en ningún otro hay solución.

Ana aprendió en la Escuela del Dolor que todo lo que había llorado no cambiaba las cosas; que había vivido con su alma afligida por muchos años sin poder recibir nada. Pero el día en que vino al altar, logró más colocando las lágrimas en su Presencia que los cientos de noches que afligían su alma.

Muchos son los que están consumidos por la situación en que viven sin encontrar respuestas. Los años pasan y no obtienen nada. No hay respuestas. Creen que llorar es todo y ciertamente en las lágrimas hay poder, pero estas no mueven a Dios.

> *"Dios no es manipulable, pero lo mueve la fe y la confianza en Él."*

Dios no es manipulable. A veces creemos que podemos mover al Señor con nuestro llanto y no es esto lo que puede causar conmoción, sino la intención del corazón, la fe y la confianza en Él. Cuando lo entendemos, dejamos de llorar lo que estamos viviendo y comenzamos a llorar para que intervenga Dios.

EL JUSTO EN EL DOLOR

En Hebreos 5:7 nos dice que Jesús, en los días de su carne, ofreció ruegos y súplicas "con gran clamor y lágrimas". En Getsemaní, Jesús experimentó el desespero en su máxima expresión. En Lucas 22:44, su angustia fue tan intensa que su sudor era como grandes gotas de sangre.

La palabra griega equivalente para "clamor" en Hebreos 5:7 es "kraugé" (κραυγή - Strong G2906), que significa un grito desgarrador, un lamento profundo. Jesús, el Hijo de Dios, pasó por la Escuela del Dolor y enfrentó la angustia de la desesperación.

En medio de su aflicción, Jesús nos dejó una lección: su clamor no era de derrota, sino de rendición a la voluntad del Padre. El desespero de Getsemaní se convirtió en la victoria de la cruz. Tu desespero puede ser el trampolín hacia tu victoria. Los justos sufren y caen, mas ciertamente se levantan y prevalecen. La única diferencia entre los que no tienen a Dios y los que sí lo tienen es que, aunque pasamos procesos similares tenemos la confianza de que Dios pelea por sus hijos y no los deja en ningún momento. Las lágrimas por el desespero no son señal de debilidad, sino parte del proceso divino de transformación.

Si hoy tus lágrimas son de desespero, recuerda que no caen en el vacío. Dios las recoge, las guarda y las usa para su gloria. Cada lágrima tiene un propósito y el Dios que permitió tu llanto, será el mismo que secará tus lágrimas.

LAS LÁGRIMAS DESATAN MISERICORDIA

Las lágrimas tienen el poder de cambiar decretos y provocar milagros. Una de las personas que cambia su decreto de muerte por una oportunidad de vida, lo logró por medio de sus lágrimas al ser vistas por Dios.

Una cosa es que el enemigo se levante contra ti, pero otra diferente es que Dios haya decidido terminar contigo.

Y esto era lo que estaba viviendo Ezequías. Estando en su lecho de muerte recibe la Palabra de que no viviría, sino que moriría. Imagine usted todo lo que puede pasar por la mente, en los momentos que esperas una Palabra profética que vas a salir del proceso y la Palabra es todo lo contrario. Teniendo hogar y familia, pero estando sentado en el lecho de muerte lleno de llagas, pasó algo.

> *Vé y dí a Ezequías: Jehová Dios de David tu padre dice así: He oído tu oración, y visto tus lágrimas; he aquí que yo añado a tus días quince años.*
> ISAÍAS 38:5

El pasaje de Isaías 38 nos introduce en un momento crítico en la vida del rey Ezequías. Enfermo de muerte, recibe una Palabra del profeta Isaías: "Ordena tu casa, porque morirás y no vivirás" (Isaías 38:1). La reacción inmediata de Ezequías es volverse hacia la pared y orar con amargura de alma, derramando lágrimas ante Dios. El resultado de esta intercesión es extraordinario: Dios, conmovido por su llanto, revoca el decreto de muerte y le concede quince años más de vida. En gran parte de la cultura hispana o latina existe la frase: - los hombres no lloran. Por pensamientos como este, para muchos, las lágrimas son meros signos de debilidad o flaqueza. Aunque también son muestras de desesperanza, ciertamente son un lenguaje físico con efectos espirituales que mueven el corazón de Dios. En el caso de Ezequías, sus lágrimas fueron el vehículo de un clamor sincero y desesperado. No fueron simplemente lágrimas de miedo, sino de entrega y súplica. En la Escritura vemos que Dios no ignora las lágrimas de los justos:

"Las lágrimas son un lenguaje físico con efectos espirituales que mueven el corazón de Dios."

Las lágrimas de Ezequías desataron una respuesta divina inmediata. Dios envió a Isaías nuevamente con una respuesta contraria al mensaje anterior. Cambió el pronóstico totalmente y le dio vida, pero en realidad le estaba dando una nueva oportunidad.

"Los ojos de Jehová están sobre los justos, y atentos sus oídos al clamor de ellos."

SALMO 34:15

Este salmo fue escrito por David cuando fingió estar loco ante Abimelec, en medio de un proceso tan difícil. Esto es un himno de gratitud y enseñanza sobre la protección divina. Sabía que los ojos de su Señor contemplaban lo que él estaba viviendo.

Dios no les da la espalda a los justos y menos cuando hay dolor. Sus oídos no se cierran al clamor y esto es una llave a la misericordia de Dios que, cuando sabemos usarla, podemos. Dios es consciente de nuestras luchas, pero también de cómo las peleamos. El sufrimiento es una de las herramientas más poderosas que Dios utiliza para moldear nuestro carácter y nuestra fe.

El dolor nos vuelve dependientes de Dios. Ezequías, un rey exitoso y piadoso, se vio en un punto donde su fuerza, riqueza y poder eran inútiles. Su única opción fue acudir a Dios. A menudo, el dolor es una herramienta que nos despoja de nuestras seguridades terrenales para llevarnos a un nivel de dependencia absoluta en Dios. Es un tratamiento contra el orgullo, la altivez, el narcisismo, la egolatría.

El sufrimiento puede cambiar los decretos divinos. Dios había declarado la muerte de Ezequías, pero la oración y las lágrimas cambiaron su destino. Esto nos enseña que Dios es soberano, pero también es un Padre misericordioso que responde a la intercesión de sus hijos.

El quebranto abre dimensiones espirituales. En su angustia, Ezequías no solo recibió sanidad, sino una mayor revelación. En su cántico de gratitud en Isaías 38:9-20, reconoce la importancia de la aflicción: "He aquí, para mi paz tuve gran amargura; mas tú, amando mi alma, la libraste del hoyo de corrupción" (Isaías 38:17).

La enfermedad y el sufrimiento nos enseñan humildad. Ezequías, tras su sanidad, enfrentó la prueba del orgullo cuando mostró sus tesoros a los babilonios (Isaías 39). Esto demuestra que la aflicción puede ser un medio para refinarnos, pero también puede exponer áreas de debilidad en nuestro carácter. Podemos salir de un proceso aprobados o desaprobados.

"Terminar una temporada difícil no siempre es señal de que vencimos."

Un boxeador sube al ring. La pelea está dividida en rounds. Sonará la campana y parará por un momento determinado, pero esto no es señal de que vaya venciendo o perdiendo, solo es la señal de que es imprescindible tomar fuerzas para seguir peleando. Regresa al cuadrilátero a dar lo mejor que tiene hasta que vuelva a sonar la campana o logre derribar a su oponente.

Muchos son los que creen que porque sonó la campana y pararon los golpes, terminó la batalla. Solo porque puedes sentarte y tomar fuerzas no significa que terminó el proceso. A menudo se hacen paradas necesarias por parte de Dios para llevarte a la esquina del cuadrilátero y hacerte escuchar consejos de los que te conocen y están viendo el proceso desde afuera y poderte dar estrategias efectivas, instrucciones sobre cómo actuar cuando regreses a enfrentarte a tu enemigo, hacerte ver tus puntos débiles. No cantes victoria antes de tiempo, aunque ciertamente debemos llamar a las cosas que no son como si fuesen. Debemos estar conscientes de lo que estamos viviendo.

Dios le otorga más años de vida y en lugar de arreglar su casa y cambiar, se centró tanto en la misericordia que olvidó la responsabilidad asignada. En vez de ver el dolor como un castigo, podemos verlo como un maestro. Cada prueba puede acercarnos más a Dios si la enfrentamos con la perspectiva correcta.

> *"Lo que parece definitivo a los ojos humanos no lo es para Dios."*

Su misericordia puede reescribir nuestra historia cuando clamamos con fe. El caso de Ezequías nos enseña que las lágrimas no son solo un desahogo emocional, sino un arma espiritual poderosa. Son el testimonio de un alma que ha sido quebrantada y que clama por la intervención de Dios. El sufrimiento, lejos de ser inútil, es un maestro divino que nos lleva a la humildad, a la fe y a una comprensión más profunda de la misericordia de Dios. En medio de la prueba, podemos tener la certeza de que Dios ve nuestras lágrimas, escucha nuestro clamor y tiene el poder de cambiar nuestra historia.

En medio de esta situación que a cualquiera le provocaría llorar, él escogió llorar, orar y clamar y esas lágrimas fueron las que conmovieron a Dios. Uno de los sentimientos que más visita a cualquier persona en un proceso es la soledad, el sentimiento de abandono divino. Cuando se siente que ya Dios le olvidó o que simplemente apartó su rostro para no verlo, puedes llorar por lo que está pasando o puedes llorar en la Presencia de Dios anhelando que Él te escuche.

LAS LÁGRIMAS DE LA ACUSACIÓN

La acusación puede venir disfrazada de juicio moralista y es difícil reconocerlo sin la madurez necesaria y el discernimiento de espíritu. Una mujer pecadora irrumpió en la casa del fariseo Simón para ungir los pies de Jesús con perfume y lágrimas. En lugar de ver su acto de amor y arrepentimiento, Simón la acusó en su corazón, dudando del discernimiento de Jesús. En la cultura judía, los fariseos eran conocidos por su estricto apego a la Ley de Moisés y las tradiciones rabínicas.

Consideraban la pureza ritual como una señal de santidad y veían con desprecio a quienes no vivían conforme a sus estándares, especialmente a los pecadores públicos. Simón no solo estaba juzgando a la pecadora, sino que al hacerlo también estaba dudando del juicio de Jesús, cuestionando la legitimidad de este como profeta. Sin embargo, Jesús la defendió y le otorgó perdón y demostró que la gracia es más fuerte que la acusación.

Sus lágrimas fueron su mejor perfume. No tenía palabras, solo una expresión genuina de arrepentimiento. No tenía el reconocimiento de los hombres, sino el amor del Maestro. Aquellas lágrimas mezcladas con el perfume no solo ungieron los pies de Jesús, sino que también marcaron su transformación. En un mundo donde su nombre estaba ligado a su pecado, Jesús le dio una nueva identidad y le mostró que en el Reino de Dios no se le definiría por su pasado, sino por su adoración.

Su historia nos recuerda que el verdadero perfume del arrepentimiento es aquel que brota del alma, sin máscaras ni reservas, pero que tampoco podemos escapar de la crítica, el señalamiento, el cuestionamiento y la acusación que son las consecuencias del pasado y solo hacen ver más grande la misericordia de Dios y nos impide olvidar de dónde venimos.

Job: Sus propios amigos lo acusaron de haber pecado contra Dios, a pesar de que la Escritura lo describe como un hombre justo.

> *"Molestos son todos vosotros; ¿cuándo cesarán estas palabras vanas?"*
>
> JOB 16:2-3

La acusación aumentó su sufrimiento en lugar de traer consuelo.

David: Fue acusado injustamente por Saúl, quien lo veía como un enemigo cuando en realidad era un siervo leal. En los Salmos, David clama repetidamente por justicia contra quienes lo acusaban falsamente (Salmo 35:11-12).

Jesús: La acusación culminó en su condena y crucifixión, pero en lugar de responder con odio, Él eligió el perdón: *"Padre, perdónalos, porque no saben lo que hacen"* (Lucas 23:34).

> *"Y estando detrás de él a sus pies, llorando, comenzó a regar con lágrimas sus pies, y los enjugaba con sus cabellos; y besaba sus pies, y los ungía con el perfume."*
>
> LUCAS 7:38

Con sus lágrimas lavó los pies del Señor, en casa de Simón el leproso no le dio para lavarse. Ella no tenía la mejor vida ni el mejor testimonio, pero sus lágrimas sirvieron para mover a Dios a misericordia; por eso Jesús no la condenó, más bien le perdonó todas sus deudas espirituales. Ella lavó los pies del Señor y Él lavó las faltas de ella cubriéndola ante la crítica y la acusación.

> *"Dios cubre mas no encubre, cubre al que se arrepiente, pero no encubre el pecado."*

Aun en Cristo le fallaremos al Señor, pero cuando venimos delante del Señor con lágrimas acompañadas de arrepentimiento somos limpiados y perdonados. Ella encontró perdón y quebró lo que tenía guardado en un frasco de alabastro y al quebrarlo se llenó la casa de olor que fue agradable a Dios. No faltó quién la señalara aun estando humillada. Pero nuestro Dios ve nuestro dolor cuando reconocemos nuestro pasado, pero queremos una nueva oportunidad.

Quién no ha cometido errores y luego enfrenta la acusación del hombre y la del enemigo de nuestra alma. El acusador que nos hace sentir indignos, impuros, sucios, contaminados, rechazados, mas la misericordia de Dios es tan grande que se manifiesta cubriendo nuestras almas.

Hay dos tipos de acusaciones: la legal y la ilegal.

La acusación legal: es aquella que sufrimos con razón porque cometimos un error y ahora tenemos que batallar con el qué dirán. Un error público o descubierto producirá acusaciones públicas.

La mujer sorprendida en adulterio la traen desnuda frente al Señor para apedrearla como dictaba la ley. Era la sentencia establecida para su error. Ella venía quizás resignada a la muerte pues no conocía otra ley que la de Moisés y quizás sabía de otros casos más que habían sufrido la misma sentencia que ahora le tocaba a ella. La confrontación, la vergüenza, la acusación, el señalamiento, el coro de voces que la amenazaba a su alrededor y sus lágrimas eran quizás el acompañamiento de sus últimas palabras, pues sus minutos estaban contados.

La acusación ilegal: es aquella que no merecemos, producto de un chisme, una mala interpretación, el resultado de un envidioso o enemigo que levantó calumnias por las cuales serás acusado. La acusación no es simplemente una acción humana, sino una estrategia de las tinieblas para debilitar, dividir y destruir.

> *Entonces entraron los dos hombres malvados y se sentaron delante de él; y los dos hombres malvados testificaron contra él, es decir, contra Nabot delante del pueblo, diciendo: Nabot ha blasfemado a Dios y al rey. Y lo llevaron fuera de la ciudad, lo apedrearon y murió.*
> 1 REYES 21:13

> *Después enviaron un mensaje a Jezabel, diciendo: Nabot ha sido apedreado y ha muerto.*
> 1 REYES 21:14

Jezabel la esposa de Acab, tramó una conspiración contra Nabot, quien se negó a venderle su viña a Acab ya que esta era la herencia que había recibido de sus padres. Organizó testigos falsos y desarrolló un plan para que lo acusaran de blasfemia contra Dios y contra el rey, con el fin de que se ejecutara la sentencia que llevaba dicho pecado y así poder tener libre acceso al robo de su propiedad para complacer los antojos de su esposo Acab.

La acusación injusta puede ser utilizada como un arma para la injusticia y el abuso de poder; para lograr destruir al íntegro y dañar su prestigio elaborando cuidadosamente una historia, donde los únicos que participan de esta conspiración tan diabólica, son hombres malvados.

Quién no ha sufrido por hombres malvados, que no tienen límites en ser instrumento de las tinieblas para dañar al íntegro a fin de poder saquear sus bienes y destruir sus posesiones. Aunque a Nabot le quitaron todo lo material, ciertamente hay muchos que son despojados de recursos espirituales como su testimonio, a causa de la sinergia entre las tinieblas y el hombre malvado.

Muchas veces he llorado por la acusación injusta. Incontables son las veces que he derramado mi alma por razones que jamás imaginé llorar. He aprendido que no hay un lugar más productivo para llorar que la Presencia de Dios.

Hace algunos años tenía obreros en mi casa. Una familia a la que tomamos como nuestra. Le pagábamos puntualmente y además de su buen salario se les daba de todo lo que había en casa. Si había regalos, también los había para ellos. Todo era parejo, incluso nuestro transporte lo poníamos a su servicio para cuidar que no fueran hasta su casa en un transporte común, pasando trabajo o quizás caminando. Pasábamos las vacaciones juntos y todo pagado para ellos.

Dios decidió un día dejarnos saber todo lo que sucedía a nuestras espaldas, mientras que de frente había sobradas sonrisas y besos. Terminé en un hospital. El golpe fue tan duro que llegó un momento que le rogué a Dios que no me dejara saber nada más. Mi familia, mis hijos, incluso mi suegra que se acercaba a la iglesia fue enormemente dañada por los que debían ser ejemplo.

Las acusaciones y difamación eran horrendos: que si los explotábamos, que si les pagábamos una miseria cuando teníamos en nómina todo el dinero que le dábamos a pesar de no tener registrados los extras, ropas, zapatos, carteras, aseo personal, ayudas para la casa, comidas, bebidas, etcétera. Cada vez que alguien confesaba, más abrumador era el golpe de lo que oíamos. Lo que más nos dolía era la calumnia que el enemigo usaba para manchar nuestro testimonio. Ahí aprendí una gran lección, el mal no lo hace cualquiera, sino solo el malvado.

Jezabel escogió a dos hombres malvados, porque no cualquiera está dispuesto a acusar y sostener algo para destruir a un inocente. Cómo duerme quien ha hecho el mal. Cómo puede levantar la casa quien ha hecho daño. Solo quien enmudeció su conciencia y no tiene principios que le acusen ni al Espíritu Santo que le contriste, puede llegar a un nivel así. Nabot perdió su viña, pero su mayor pérdida fue su vida.

"No permitas que la acusación por dolorosa e injusta que sea te saque algo más que lágrimas."

Está bien llorar, pero no podemos dejar que el dolor nos moldee o maneje. Por muy doloroso que sea este capítulo de la Escuela aprende a seguir enfocado en el propósito, en lugar de que el dolor de la acusación te quite la vida, decide vivir pese a la acusación.

LAS LÁGRIMAS DE UNA MADRE

Una viuda que no solo lloraba por la pérdida de su esposo, sino también por la muerte de su hijo, había perdido toda la esperanza de una mujer en aquel tiempo. Hay nombre para quien pierde a su esposo, pero no hay nombre para quien pierde un hijo. Un funeral no es una fiesta, sino la despedida de quien se ama. En esta situación encuentra Jesús a la viuda de Naín y sus lágrimas movieron el corazón del Maestro a misericordia.

Cuando llegó cerca de la puerta de la ciudad, he aquí que

llevaban a enterrar a un difunto, hijo único de su madre, la cual era viuda; y había con ella mucha gente de la ciudad.

LUCAS 7:12

Y cuando el Señor la vio, se compadeció de ella, y le dijo: No llores.

LUCAS 7:13

Y acercándose, tocó el féretro; y los que lo llevaban se detuvieron. Y dijo: Joven, a ti te digo, levántate.

LUCAS 7:14

Muchas veces vivirás un desfile fúnebre para enterrar a tus hijos tanto por muerte física como espiritual: porque están apartados o en vicios. Ciertamente las madres lloramos por ver a nuestros hijos enfermos, por un diagnóstico médico, porque sufren por alguna causa, hasta por la condición espiritual en la que están. Qué madre no quisiera tomar el lugar de su hijo, sufrir en lugar de ellos, llorar en vez de verlos llorar, pero por más que lo anhelamos no podemos hacerlo. Infinitas veces el dolor profundo de una madre quedará reducido solamente a lágrimas, ya que por más que queramos hay cosas que les toca hacer a ellos.

Cuando Jesús vio que la viuda iba a enterrar a su hijo, fue conmovido y se compadeció de ella. La única frase que le dijo nuestro Señor fue -No llores y a continuación resucita a su hijo. Esto nos hace saber que Dios no está ajeno al dolor de las madres y que Él interviene en su socorro para detener el llanto de las que sufren y lloran por los que aman.

LAS LÁGRIMAS POR LAS PÉRDIDAS ESPIRITUALES

Las lágrimas que brotan de las pérdidas espirituales son distintas a todas las demás. No son lágrimas de un dolor tangible, de una ausencia física o de un fracaso visible. Son lágrimas silenciosas, muchas veces invisibles, que marcan la desolación de un alma que ha extraviado su norte, que ha perdido su conexión con aquello que le daba sentido.

Muchos lloran sus pérdidas económicas, su casa, su auto, un negocio, una inversión, un ahorro. Pero hay lágrimas que aparecen cuando perdemos la fe, cuando el propósito se nos escurre entre los dedos, cuando nos sentimos abandonados por la vida y desconectados de Dios. Pero hay esperanza, pues el Señor nunca nos deja solos. A través de Su Palabra y la Presencia del Espíritu Santo, la restauración es posible.

Las pérdidas espirituales pueden manifestarse de muchas formas: la pérdida de la fe en Dios, en Sus promesas, en Su amor inquebrantable; la pérdida de la confianza en Su plan perfecto; la pérdida de nuestra identidad como hijos de Dios, de nuestro sentido de pertenencia a Su reino. También podemos perder la esperanza en la redención, en el perdón, en la restauración de nuestras vidas y algo bien importante pero que en pocos genera tristeza: es la pérdida del primer amor.

El enemigo de nuestras almas busca alejarnos de Dios sembrando dudas y desesperanza en nuestros corazones. Nos susurra que estamos solos, que hemos sido olvidados, que nuestro dolor es eterno. Pero esas son mentiras. La Palabra de Dios nos recuerda en Romanos 8:38-39 que "ni la muerte ni la vida, ni ángeles ni principados, ni lo presente ni lo por venir, ni lo alto ni lo profundo, ni ninguna otra cosa creada nos podrá separar del amor de Dios, que es en Cristo Jesús".

LAS CAUSAS DEL DOLOR ESPIRITUAL

No hay una sola causa para las pérdidas espirituales, sino una combinación de heridas que erosionan nuestra fortaleza interna. La traición de aquellos en quienes confiamos puede quebrar nuestra fe en la bondad de Dios. Pueden generar en nosotros la pérdida de la confianza en los que nos rodean, pueden llevarnos a definir a todos por igual y crear fortalezas en la mente y en el alma que impidan darles acceso a otros.

El sufrimiento prolongado, las pruebas constantes sin una aparente salida, pueden hacernos dudar de Su plan perfecto. Por causas como la muerte de un ser querido, la injusticia del mundo, el abandono o el engaño, podríamos preguntarnos si realmente Dios nos cuida. El dolor espiritual es real, pero también es un llamado a volver a la Presencia de Dios.

El dolor espiritual es un maestro severo, pero también es un revelador de verdades profundas. En la escuela del sufrimiento aprendemos que la fe no es un sentimiento que se sostiene solo en los momentos buenos, sino una decisión que se reafirma en los períodos más difíciles. Aprendemos que cuando todo lo externo se derrumba, lo único que nos queda es volver a Dios, a Su Palabra, a la verdad inmutable de Su amor.

El dolor también nos revela que somos más fuertes en Cristo de lo que creemos.

> *"Bástate mi gracia; porque mi poder se perfecciona en la debilidad"*
> 2 CORINTIOS 12:9

Nos enseña que la fe no siempre es un refugio de paz, sino también un campo de batalla donde luchamos por mantenernos firmes y aferrados a las promesas divinas.

Sanar una pérdida espiritual no es una tarea rápida ni sencilla. No hay un atajo, no hay una fórmula mágica que devuelva de inmediato aquello que hemos perdido. Pero hay un sendero y está hecho de pequeños actos de reconexión con Dios y de volver a hacer las obras primeras.

> *"Los sacrificios de Dios son el espíritu quebrantado; al corazón contrito y humillado no despreciarás tú, oh Dios"*
>
> SALMO 51:17

Debemos sumergirnos en la Palabra de Dios, pues en ella están las respuestas y el consuelo que necesitamos. "Lámpara es a mis pies tu palabra, y lumbrera a mi camino" (Salmo 119:105). La Escritura nos recuerda que no estamos solos, que el Señor es nuestro pastor y nos guía en medio de la tormenta. En Su Presencia hallamos restauración verdadera. "Venid a mí todos los que estáis trabajados y cargados, y yo os haré descansar" (Mateo 11:28). Cuando nos rendimos ante Él, el Espíritu Santo obra en nuestra vida, trayendo paz y renovación.

Finalmente, la sanidad se completa cuando permitimos que Dios transforme nuestro dolor en testimonio. Nuestro sufrimiento jamás no es en vano es la escuela que nos permitirá darle grandes lecciones a otros.

Las lágrimas de las pérdidas espirituales no son el fin del camino, sino el inicio de un viaje más profundo con Dios. Porque la verdadera espiritualidad no es la que nunca se tambalea, sino la que después de haber caído, se levanta con una fe renovada en el Señor.

> *Los que sembraron con lágrimas, con regocijo segarán.*
>
> SALMOS 126:5

> *Irá andando y llorando el que lleva la preciosa semilla.*
>
> SALMOS 126:6

Mas volverá a venir con regocijo, trayendo sus gavillas.

Este pasaje es una poderosa promesa de Dios para aquellos que han llorado en medio de la aflicción. Nos habla de una ley espiritual profunda: las lágrimas derramadas en fe no son en vano; llevan consigo la semilla de una cosecha futura de gozo y restauración.

SECCIÓN 4

LA GLORIA DESPUÉS DE LAS LLAGAS

Del muladar me llamó, y me formó en el quebranto envenenándome la gloria que se gesta en lo secreto y en la dependencia de su Presencia

PARTE 1

MI ESCUELA

Nací en Cuba en 1989 en un país comunista hundido en la miseria desde antes de yo nacer. Les comparto un poco para que puedan entender la situación que rodeó mi nacimiento, al que no le he conocido una buena etapa y vale recalcar hasta hoy, que cada vez su estado empeora. Me tocó nacer en medio de una etapa difícil llamada "período especial".

Tras la caída del campo socialista, la URSS que era el principal socio comercial y proveedor de subsidios y siendo Cuba un parásito, dejó de llegar toda la ayuda de comida, combustible, útiles e incluso, artículos de primera necesidad a la que se había acostumbrado la isla. Unido a esto llegó una inflación y escasez no vivida anteriormente. Se deterioró el transporte público, esto provocó que la situación de extrema precariedad en Cuba aumentara significativamente y, por ende, como en la casa de millones de cubanos esto afectó la mía también.

En medio del divorcio de mis padres, con una madre herida por la traición de mi papá que dejó atrás una familia peleando por sobrevivir cada día en medio de la crisis económica, con sus dos hijos pequeños. Mi hermano fue un niño súper enfermizo que pasó mucho tiempo de hospital en hospital peleando por su vida, con un asma crónica. Esta situación entre muchas otras que prefiero no escribir, hizo que mi niñez fuera difícil en muchos aspectos y la verdad es que lo que menos recuerdo es la necesidad de lo económico ya que era muy pequeña.

No era tan importante tener zapatos o la mejor ropa porque la crisis hacía que no fuéramos lo únicos con necesidad. Mi mamá se esforzaba para que no nos faltara comida, ropa, zapatos y como la mayoría de madres cubanas, la mía luchaba por darnos lo mejor que podía. En la etapa de la preadolescencia comencé a vivir una fase de amargura extrema. Fue el momento donde todo lo vivido desde mi niñez se había acumulado y se comenzaba a evidenciar la presencia de pensamientos suicidas.

Renuncié a vivir y mis frases siempre fueron, ¿por qué nací? ¿Para que nací? ¿Por qué no me mataron al nacer? ¿Si Dios existe cómo permite que niños como yo nazcan? Me enojaba cuando mi abuela me decía que Dios tenía un propósito conmigo. Eso no cabía dentro de mi mente. Era demasiado el dolor que me apretaba el alma. Me sentía tan poca cosa que aprendí a no hablar. Tenía diálogos interminables en mi mente, pero era silenciada con dolor. Era tan doloroso vivir que cuando eres una niña esa escuela te hace creer que no existe nada más que el dolor.

> *"Es el dolor la cárcel de los que no han sido entrenados para verla de diferente manera."*

Ser la rechazada de mi padre por nacer hembra me hacía sentirme nada o querer ser vista. Lo único que con mi corta edad recuerdo querer oír era -estoy orgullosa de ti, pero tuve que crecer sin oír jamás esta frase. Mis vacaciones siempre terminaban con abundantes lágrimas, ni quisiera por querer más o porque como todo niño, no quería irme de algún lugar, al contrario, mi hermano y yo llorábamos por las heridas que las palabras y los golpes nos tallaban el alma ¿Qué me sentía? Nada ¿Qué pensaba de mí? Que no había razón para vivir.

El dolor físico lograba apagar mientras duraba el dolor de mi alma, pero siendo una niña qué podía hacer, solo guardar la mezcla de impotencia con dolor. Le temía a dormir, porque en mis sueños mi dolor no terminaba. Allí aparecía el dolor en forma de persecución, de huir; soñaba que corría hasta llegar a un lugar sin salida donde me despertaban los latidos de mi corazón que llegaban a sonar tan altos que me despertaban con el mismo miedo que me perseguían en el sueño.

El sufrimiento es una escuela de la que sales promovido o desaprobado, en victoria o amargado, no por el proceso que pasas sino por las áreas que no has logrado vencer. En esta no me considero experta, pero sí haber cursado algunas materias, entre ellas muchas que tuve que repetir, una y otra vez hasta aprobarlas. Tuve una frase que me acompañó por muchos años: he llorado tanto que he secado un mar. Y ciertamente muchos tienen vidas más fuertes que otras. Quién no ha dicho frases como: mi vida es una novela, algún día escribiré un libro de mi vida, algún día venderé mi historia a la televisión, entre otras.

Cada vez que hablas con alguien desde su perspectiva, su dolor ha sido el más grande. Nadie ha sufrido tanto como ellos, nadie entiende lo que han vivido. Se han construido una cárcel en la que ellos son prisioneros de su propia historia y dolor, algo a lo que he llamado la competencia del dolor. Yo escribo del mío con escuetos escenarios de una historia triste y profunda, pero con la intención de mostrar el resultado de entender que el dolor es una etapa de la que tienes que tomar control para que no seas controlado por ella.

LÁGRIMAS DETRÁS DE UN PÚLPITO

Un día llegué a mi oficina y mandé a llamar a algunos de los ancianos de la iglesia para que oraran por mí. No tenía fuerzas humanas para sostener un micrófono, lo único que quería era llorar. Tenía un nudo en la garganta y la gente llegaba y esperaba para recibir. Ellos oraron, yo lloraba. Había sufrido una herida muy grande por la traición de una familia espiritual que la hicimos como familia física y el dolor era profundo. Ese día vi la gloria de Dios, su gracia manifestada en mi debilidad, pero esta es solo una de las historias que puedo hacer y que nadie sabrá.

"Muchas veces necesitaremos apoyo en oración y aun así nos tocará orar por otros que en su percepción están muy mal e ignoran que aquel que ora por ellos puede tener una carga mayor."

Me tocó ver a mis tres hijos en terapia intensiva. Me tocó llorar frente a incubadoras mientras veía a mis hijos llenos de tubos y sueros llenos de diagnósticos negativos, pero peleando por sus vidas y aun así me tocó orar por otros y consolar a otros cuando yo necesitaba consuelo. Muchos ignoran tu condición o necesidad, pero te tocará asumir con el llamado de ser hijo de Dios y ayudar a quien no tiene tu fe, tu seguridad o tu relación con Dios para saber que todo está bajo control.

David, el hombre conforme al corazón de Dios, fue un guerrero, rey y poeta, pero también un hombre que experimentó profundo dolor y derramó muchas lágrimas. Su vida estuvo marcada por momentos de gozo, pero también por episodios de sufrimiento que lo llevaron a clamar a Dios con desesperación. A través de sus lágrimas, David nos enseña que el dolor no es el fin, sino una herramienta en la formación del carácter y la fe. Y si él usó el dolor solo como una herramienta para evidenciar su integridad, por qué no podemos nosotros hacerlo.

Detrás de todo logro hay un camino difícil, jamás es fácil llegar al final pero tampoco imposible. Detrás de un momento hermoso y lleno de risas generalmente hay una historia de lágrimas y pruebas. Subir al altar con el alma desgarrada es difícil, dejar bajo el altar el alma que está angustiada o quebrantada y dar lo mejor cuando lo único que quieres es llorar; pelear para tener bajo control tus emociones y que estas no tomen parte en la predicación, que no intervenga lo que sientes para no alterar el mensaje de Dios y terminar usando el púlpito.

Estaba predicando en una iglesia y tras ver la gloria de Dios liberando, sanando, haciendo milagros, en la premura del rápido hablar, mirar lo que pasaba, seguir con los ojos a los servidores y estar pendiente a las manifestaciones, cometí un error al decir algo que no debía decir, en ese instante de presión usé una frase que no debía decir, cometí un error mientras ministraba. Duró unos dos segundos, pero unos pocos notaron el error, error que inmediatamente trasladaron a la persona a cargo del evento.

La autoridad superior me llama y me comenta. Obviamente reconocí mi error, pero al día siguiente antes de que me tocara predicar, en el mismo momento de presentarme públicamente, habla sobre lo sucedido. Aunque bien es cierto que con una gran sabiduría me cubrió, no dejó de ser expuesto mi error. Por obvias razones todos los que no sabían supieron y muchos fueron a buscar el error.

Los enemigos se lijaban sus colmillos por la humillación y yo no quería subir, la vergüenza me abrumaba. Cómo subir si mi presentación ha sido mi error. Mi esposo sostuvo mi brazo pues él sabía por lo que estaba pasando y me dijo -sube que te toca. Era su voz fuerte recordándome que mi responsabilidad era mayor que mi vergüenza.

Tenía solo unos pocos pasos para llegar a la escalera y subir y tenía que ser suficiente para liberarme de esa carga y llorar luego; posponer el llanto es difícil, pero cuando aprendes a decirle al dolor: -espera, tengo algo que hacer, es señal de que estás creciendo. Ese día Dios me movió como Él quiso, dejándome saber que mi dolor no es ajeno a Él y que su Presencia estaba ahí, con eso basta.

Pudiera escribir un libro con varios tomos solo de testimonios de dolor, pero si algo quiero dejar claramente escrito es que todos ellos fueron punto intermedio de una gloria extraordinaria que me ha permitido vivir.

COMENZAR DE CERO

Tras más de una década de pastorear en Cuba, de ver a Dios usarnos para llenar las calles en disímiles lugares, de sacudir ciudades, ser el instrumento para que se abrieran nuevas iglesias en cada lugar por donde pasamos poco a poco y enfrentado muchos ataques, Dios nos regaló ser reconocidos y conocidos por toda la isla.

Cada uno de los eventos que organizábamos bajo la dirección del Espíritu Santo se colmaban de personas de todas las provincias del país. Eran hermosos los testimonios. Edificar una congregación es el sueño de cualquier pastor, tener un equipo bien sólido de líderes y pastores, predicadores, adoradores, jóvenes consagrados y nosotros, lo teníamos.

Poseíamos un templo que era uno de los más hermosos de la ciudad, con un sistema de trasmisión mejor que el de la propia ciudad en que vivíamos. Algunos años atrás sentada en la segunda planta de la iglesia, el Señor me entrega una visión del templo terminado, un lugar hermoso y lo acompaña de unas palabras: lo terminarás, mas no lo disfrutarás. Mi expresión de asombro sin entender a qué se refería fue magna. Salí a gritarle a los líderes lo que había pasado. Incluso mi esposo y yo andábamos buscando otro lugar.

En nuestra mente estaba que no cabríamos, que tendríamos que buscar otro lugar más grande pero jamás lo que estaba a punto de comenzar. La persecución más grande que he conocido, la seguridad del estado de Cuba, nos había identificado por el crecimiento tan grande, como agentes de cambio, un peligro para ellos. Ser conocido y seguido te convierte en una voz con autoridad que en cualquier momento puede decir algo y la gente le seguirá y provocará un caos. Aunque jamás lo hicimos, esto no cambiaba la mentalidad del gobierno.

En el año 2019 fui secuestrada por esta organización y desde ese entonces comencé a vivir una crisis de ataques bien directos. Desde un agente que bajo un falso nombre venía a fingir cercanía y que en realidad estaba haciendo un trabajo de seguimiento e inteligencia y grababa todo lo que hablábamos. Cada una de las medidas que tomaban ganaban fuerzas poco a poco; desde tramar e inventar un falso caso para detenerme y encarcelarme, hasta intentar sin diagnóstico meterme al quirófano.

Las cosas se agravaban tanto que llegó el momento en que me tocó obedecer a mi esposo y salir para cuidar nuestras vidas. Dejar todo atrás es más difícil de lo que se puede imaginar. Empacar tu vida en una maleta de cincuenta libras, salir sin despedirte de nadie, dejar todo sabiendo que no habría retorno, sin un destino visible frente a tus ojos.

> *Y el SEÑOR dijo a Abram: Vete de tu tierra, de entre tus parientes y de la casa de tu padre, a la tierra que yo te mostraré.*
> GÉNESIS 12:1

> *Haré de ti una nación grande, y te bendeciré, y engrandeceré tu nombre, y serás bendición.*
> GÉNESIS 12:2

> *Bendeciré a los que te bendigan, y al que te maldiga, maldeciré. Y en ti serán benditas todas las familias de la tierra.*
> GÉNESIS 12:3

Bajo la promesa de la Palabra de Dios de GN 12:1-3, con muchas preguntas sin respuestas, llenos de interrogantes, marchamos con la certeza de que Dios tenía el control de todo lo que nosotros ni siquiera podíamos visualizar. Es entonces cuando nos tenemos que dividir como familia: mi esposo, mi hijo y su mamá; mis hijas y yo.

Es así como el día de mi cumpleaños me veo envuelta en vómito a miles de pies de altura en un avión rumbo a Rusia a donde nadie nos esperaba, sin protocolo de bienvenida, sin una logística establecida, llenos de dudas y con recursos financieros limitados, un poco más de un horrible mes y nos toca pasar seis prisiones: dos en Turquía, una en Rusia, en Cuba, en México y en Estados Unidos.

El sueño de llegar a estar con mi esposo e hijos era abrumador, vivíamos un día a la vez y bajo el concepto de: un día menos para llegar a casa. Llegar fue un sueño, aunque traíamos heridas por lo que habíamos vivido en ese mes, no quedaba otra que seguir adelante, superar lo que pasaba, enfrentar un trastorno de sueño muy grande, la tristeza por dejar todo atrás y ahora no tener nada.

El futuro era incierto. Pasamos de ser dueños de casa a vivir en renta, de tener una iglesia a no tener más que una familia de tres personas, de ser amados a ser señalados por un pueblo que no entendía las razones que nos habían movido a tomar la decisión, con un gran grupo de ministros que nos llamaban traicioneros, abortivos y hablaban a nuestras espaldas y de frente, sin poder contar nada por las redes. Cada día era un dolor de cabeza que decidimos enfrentar sin detenernos.

Entre los largos días de tanto llorar, recuerdo uno en que mientras le preguntaba a Dios ¿Y ahora? ¿Qué haremos? ¿Cómo lo haremos? ¿Por qué? El Espíritu Santo me habla y me dice: -Te lo dije y me lleva en visión a aquel día que mientras construíamos contemplábamos la hermosa obra y yo me alegraba haciendo en mi mente planes mayores y me dijo: -Lo terminarás, mas no lo disfrutarás. Fue entonces cuando recordé que lo último que hicimos fue sembrar una planta detrás del bautisterio, parte final del templo y nos fuimos.

Su Palabra se cumplió, nosotros nunca lo entendimos. Fue cuando me quebré en su Presencia para abrazar su voluntad que hacía mucho que nos había revelado. Estábamos donde Él quería y en el tiempo que Él quería. Mi dolor era tan grande que no me dejaba ver todo lo que ya Dios tenía planeado para nosotros. Es entonces que entiendes el dolor vivido como herramienta para moverte y colocarte donde nuestro Señor quiere. No me quedó más que decirle: -Heme aquí.

"Llega el momento en que entiendes que el dolor es solo un aliado para conducirte al lugar exacto donde Dios te quiere alineando tu vida a su propósito."

Fuerte fue saber que muchos de los que admiraban tu ministerio ahora dudaban de la obra de Dios en ti. Muchos proclamaban decretos diciendo -enterraron su ministerio, ahora sí no harán nada, deja que Dios los discipline, la iglesia en Cuba morirá. Estas eran, entre una larga lista, las frases despectivas y destructivas. Los que no hablaban desde la distancia muy escépticos, esperaban la hecatombe orando por dudas. Solo Dios nos sostuvo y comenzó una hermosa obra que ha venido creciendo por día.

Comenzar de cero y dejar todo atrás no es fácil; volver al principio es difícil. Aprender leyes nuevas, un idioma nuevo, volver a formar desde el principio es fuerte, pero todo esto fue parte del proceso para poder darnos un nuevo lugar para vivir bajo su gloria.

En esta etapa aun procesaba lo de ser indocumentada con el miedo constante de qué pasará mañana. Le pregunta al Señor – ¿Por qué no me lo hiciste más fácil? Y recuerdo al Señor tratar conmigo -Cómo puedes ser pastora de emigrantes si no sabes lo que pasan para llegar y viven diariamente. Necesitaba formar una faceta en mi corazón que no tenía y para pastorear también hay que llorar.

"Detrás de cada gloria hay una historia de dolor."

DOLOR FAMILIAR

Subir al púlpito con el corazón hecho pedazos es algo que he vivido en varias ocasiones y en los más difíciles escenarios. Los ministros también tenemos familia. Muchos dicen o textean o les dan una llamada a sus líderes para decirles que ante X situación tendrán que ausentarse. Muchas veces los pastores debemos seguir cumpliendo con nuestras responsabilidades frente a las más difíciles realidades.

Mi lista es larga, desde mis tres hijos en terapia hasta el hecho de estar enferma, incluso con escasos días de mi cesárea, aun con puntos. Algunas han sido más difíciles que otras, pero recuerdo el día que me tocó predicar luego de recibir un diagnóstico de un ortopédico de que mi hija más pequeña tenía una parálisis del nervio braquial y su mano estaba paralizada por una mala praxis médica en el parto y subir a con un mensaje de sanidad, tener padres que no son cristianos, toda una familia que aun no conoce a Cristo.

Ciertamente hay crisis de todos los tipos por las que me han tocado pasar, el luto de mi esposo cuando su papá partió de esta tierra en medio de una construcción del templo en la que pasábamos un día entero con jornadas de trabajo nada normales y tener que seguir con nudos en la garganta. Aunque no es mi intención escribir mi testimonio en este libro, sí quisiera darle un poquito de algunas escenas que nos ha tocado vivir.

LAS TINIEBLAS

El enemigo siempre ha usado sus sucias estrategias para robar, matar y destruir, pero si algo es notorio decir es que él evoluciona y perfecciona su operación cada vez que alguien cae. Por miles de años ha ganado en experiencia sobre cómo hacer caer al justo, al siervo, al líder y al ministro. Hace cientos de años los apóstoles sufrían ataques físicos, pero las cárceles los convertían en ejemplos y en héroes de la fe entre los hombres. Su sacrificio en lugar de causar vergüenza se tornaba en ofrenda que aportaba fortaleza a la fe de todos al escuchar lo vivido.

El maligno evolucionó de eso a nuevas y modernas formas pero que no dejan de ser primitivas, solo que ahora son más fuertes, técnicas de alta violencia mediática. El diablo ha preparado un ejército de haters, marionetas del odio que en realidad han sido reclutados por su envidia y usados por las tinieblas para destruir al cuerpo de Cristo. Algunos de esos discipulados diabólicos han aprendido tanto que han llegado a ser tan eficientes en sus daños como las mismas tinieblas.

Al principio veía estos videos llenos de manipulación, donde tras cada frase paraban para sacar de contexto mis expresiones y burlar los algoritmos de YouTube, argumentando herejías, sacando de contexto mis mensajes una y otra vez. Dolía y duele leer cómo los reclutas del odio escriben comentarios despectivos, carentes de teología, faltos de madurez y carácter, vacíos de la Presencia y revelación divinas, pero llenos de una amargura evidente que contamina, daña el cuerpo de Cristo y son piedras de tropiezo para miles.

Al principio lloraba a más no poder. Poco a poco lloraba menos. Entendía que estas marionetas del infierno estaban logrando lo que el diablo quería. El pensamiento de renuncia no faltaba en estos procesos -mejor deja de predicar. Era el eco de mi error que permanecía en mi mente, era difícil. Recuerdo el día que mi hijo me preguntó ¿mamá y por qué dicen eso de ti? ¡Wow! Ese día, luego de darle una Palabra a mi hijo para tratar de mitigar el impacto de un mensaje de odio contra su mamá, me quebré en mi cuarto mientras le preguntaba a Dios ¿Por qué? ¿No me conocen Señor? ¿Por qué dicen mentiras así de mí?

Destruyen hogares y marcan el corazón de una generación que se levanta ¿Por qué lastiman a los más pequeños? ¿Por qué golpear príncipes? ¿Por qué lastimar a la iglesia? Eran preguntas a las que no le encontraba respuestas, mientras en mi dolor me sentía viviendo el Salmo 3 en medio de la angustia del rey David, bajo ataque y en peligro.

> *¡Oh Jehová, ¡cuánto se han multiplicado mis adversarios! Muchos son los que se levantan contra mí.*
>
> SALMO 3:1
>
> *Muchos son los que dicen de mí: No hay para él salvación en Dios. Selah*
>
> SALMO 3:2
>
> *Mas tú, Jehová, eres escudo alrededor de mí; Mi gloria, y el que levanta mi cabeza.*
>
> SALMO 3:3

Ese dolor me tocaba convertirlo en fuerzas, en centrarme en Dios para seguir adelante. Un día de oración y quebranto el Señor me dijo para darle final a mi llanto: - Dijeron más de mí y vine a salvarlos. Tras un prolongado silencio sequé mis lágrimas y suspiré profundo. El consuelo que se recibe cuando vamos a su Presencia es indescriptible. Saber que Él veía mi dolor, que estaba presente en Él, que me sostenía y me alentaba. Todo esto me hacía ver que no estaba sola en mi dolor. Y me tocó graduarme. Hoy siento compasión por aquellos que están tan vacíos de Dios que su consuelo es dañar, que llamándose defensores de la verdad jamás han edificado.

Muchas veces oro por ellos porque un día sus hijos sabrán que a los que sus padres llamaban impíos, falsos, herejes, son aquellos que les daban de comer, porque usaban sus nombres para poder ganar dinero y así sostener su hogar. Cuando entendí que aun para mis enemigos era una fuente de bendición, me sentí en paz. El dolor siempre será una escuela que te hará ver las cosas desde otra óptica.

Los ataques se sienten una y otra vez. Se identifican en cada área de la vida. Puedes sentirlos en tu cuerpo, en tu familia, en tus hijos, en tus finanzas, en tus líderes. Atacan de disímiles maneras a los que te rodean para cargarte a ti y llevarte al punto de quiebre. Puedes identificar que estás en medio de una guerra y que por todos los flancos estás bajo ataque cuando tratan de debilitar los muros que hay a tu alrededor probando la edificación hasta encontrar una brecha para tener cercanía y herirte. Hay muchas maneras de herirte sin tocarte.

LAS ZORRAS PEQUEÑAS

Si algo duele son los momentos del ataque de las pequeñas zorras. Cuando muchos menosprecian los pequeños ataques, en realidad deberíamos prestarles más atención. En diferentes ocasiones hemos podido vivir esos ataques pequeños pero múltiples. Cuando en cada área de la iglesia ves esos pequeñitos problemas pero que suman mucho y que afectan dramáticamente la salud integral de la iglesia, uno como pastor, debe tomar medidas para mantener la salud del cuerpo.

Subes al altar, estás detrás de un púlpito y miras todas esas áreas bajo ataque. Han caído las fuerzas de tus servidores y muchos han sido heridos por algunos. Miras los rostros y notas que hay enfermedades en el cuerpo, las caras largas, amargadas, disgustados, presentes en cuerpo mas ausentes en su espíritu. Ves a tus líderes trabajar el doble para sacar adelante esa carga y que esto los agota. Y a la vez, al equipo de alabanza bajo ataque, disgustados, pequeños roces, nada serio, pero cuando los enfrentamos en cada área se vuelve agotador.

La carga de todo está sobre el pastor, se satura tu WhatsApp de problemas. Esos audios extensos contándote las versiones de cada uno y tú como pacificador en medio de todo. Esta parte que describo solo los ministros lo entenderán, pero el pueblo podrá entender cuando están estos eventos que es un ataque a la cabeza.

Solo te toca actuar y esperar que Dios obre para que las personas sean convencidas por el Espíritu Santo de lo que están viviendo. Sabiendo que puedes hacer algo, pero que el resto lo hará Dios. Al final de tanta presión agradeces, porque cada una de estas situaciones te muestra la salud, formación y resistencia de la congregación y como pastor agradeces porque sabes que debes trabajar.

"Todas las temporadas terminan y por difíciles que parezcan, el final siempre es mejor que el presente."

No escribo desde la cima de una montaña distante, alejada del dolor o intocable, al contrario, termino este capítulo en una de las temporadas de más ataque en mi vida, donde aun manejando mis lágrimas brotan sin poderlas contener mientras en mi mente repito una y otra vez -Dios está preparando algo y estos son los dolores del parto de lo que en el espíritu se gesta. Termino de escribir mi libro en medio de un proceso de persecución espantoso.

Desde las lágrimas que acompañan mi escritura digo: hay un precio que pagar cuando eres pionero en algo. A Dios le plugo levantarme en una era machista, ser pionera en la liberación y en el ministerio femenino dentro de tanta destrucción mediática y la ola del feminismo aun dentro de la iglesia. Levantarse en medio de una generación carente de sentido común donde hay rebaños de hienas y buitres tras los siervos de Dios tiene un precio y no soy la única que lo he pagado. Es el peso de la cruz, por eso termino diciendo -No existe dolor sin recompensa y sin consuelo divino. ¡RESISTE! estás a punto de terminar este período.

PARTE 2

LA MÁSCARA DEL DOLOR

Que no cuentes algo no significa que no se evidencie lo que está pasando. Hay cosas que no se logran esconder por mucho que lo intentemos, la alegría, la amargura, un embarazo, un dolor y aunque hemos pasado la escuela donde aprendemos a usar máscaras para esconder lo que vivimos, no siempre funcionan.

¿Qué le estará pasando a X que no se ve bien? ¿Alguien sabe si X está bien? Son preguntas que uno como pastor se hace con frecuencia sobre casos de la congregación; personas que amamos, que conocemos o líderes que, aunque sonríen con una máscara queriendo aparentar que todo está bien, uno sabe bajo la dirección y el discernimiento del Espíritu Santo que está mal.

He aprendido a esperar que se evidencie lo que no puede ocultarse: la máscara que se usa para querer aparentar que algo no está bien. Me imagino qué fue lo que notó Jesús en la mesa al mirar a Judas al rostro que, aunque estaba sentado a la mesa, comiendo y compartiendo con ellos, esa máscara no le funcionaba con el Maestro. La enfermedad de la traición era evidente. Cuando un pastor te pregunta ¿Qué está pasando? ¿Todo está bien? Lo hace porque ve algo y quiere hacerte reaccionar y detener la invasión de la enfermedad del alma para librarte de la condición en la que caerás si no te detienes a quitarte la máscara y exponer tu alma.

Hay dolores que no sangran, pero desgarran. Dolencias que no se diagnostican en exámenes médicos, pero que paralizan el alma. Sin embargo, lo más peligroso no es el dolor en sí, sino lo que hacemos con él. En la gran escuela del sufrimiento, muchos han aprendido a ponerse una máscara en lugar de ir al médico y hoy quiero decirte -deja de sonreír mientras te derrumbas por dentro, aprende a buscar la ayuda a tiempo para que puedas dejar de ocultar tu condición. Los disfraces duran poco.

LA CULTURA DE LA APARIENCIA

Vivimos en una cultura que premia la imagen, no la integridad. Mostramos filtros, no fracturas. Exhibimos logros, pero ocultamos luchas. En el ámbito cristiano no es distinto: hay creyentes que se han vuelto expertos en "aparentar victoria" mientras viven en cautiverio emocional. En lugar de acercarse al Pastor, al líder, o al mismo Cristo, esconden su dolor tras sonrisas entrenadas y frases automáticas como "estoy en victoria", "todo bien", "Dios está en control"... cuando en realidad, están a punto de colapsar.

> *"Y curan la herida de mi pueblo con liviandad"*
> JEREMÍAS 6:14

El profeta Jeremías confrontó a una generación que maquillaba su dolor con frases religiosas vacías. *"Y curan la herida de mi pueblo con liviandad, diciendo: Paz, paz; y no hay paz."* (Jeremías 6:14, RVR1960).

La palabra "herida" aquí implica una fractura, destrucción o quebranto interno. Esta no era una herida superficial. Era una fractura del alma.

Y la palabra "liviandad" connota algo ligero, sin peso, sin importancia. En otras palabras, estaban tratando un problema profundo con soluciones superficiales. Es como poner un vendaje donde hay una herida que necesita sutura con urgencia o grapas para asegurar que no se abra la misma. Aun en la medicina existe algo llamado puntos de refuerzos o seguridad, la herida es tan grande que algunas veces no basta con la simple sutura, sino tomar otras medidas, Ahora llevemos esto a lo espiritual. Imagínate una herida profunda que creemos que sanará solo con un abrazo, o tres palmadas en la espalda, o peor aun, sin cuidado ninguno.

MECANISMO DE DEFENSA

En psicología, el uso de "máscaras" se asocia con mecanismos de defensa como la negación, la represión y la disociación. Pero en el mundo espiritual, la máscara se convierte en un muro que impide la obra sanadora del Espíritu.

"Mientras callé, se envejecieron mis huesos en mi gemir todo el día. Porque de día y de noche se agravó sobre mí tu mano; se volvió mi verdor en sequedades de verano."

SALMO 32:3-4

David describe el deterioro físico y espiritual por ocultar su pecado. Su dolor, su quebranto, para que usted pueda entenderlo con el tema que estamos tocando, lo pondría así. Mientras usaba máscaras se deterioraba día tras día y el peligro se enfatiza por ocultar lo que se está viviendo. La intención de esto no es que usemos un cartel luminoso haciéndole saber a todos lo que está pasando, al contrario; es ir al médico por excelencia, el médico que no rechaza pacientes rotos, nuestro Señor Jesús.

Jesús dijo: "Los sanos no tienen necesidad de médico, sino los enfermos; no he venido a llamar a justos, sino a pecadores."

MARCOS 2:17

La palabra "médico" en este pasaje significa sanar profundamente, curar de raíz, restaurar la integridad de alguien. Jesús no solo cura síntomas, Él sana causas. Pero para ser atendido, hay que quitarse la máscara. Hay que admitir que se está enfermo, que se necesita ayuda, que se tiene un problema, dejar de usar la máscara de la negación, no tengo nada, no pasa nada, estoy bien, cuando sabes que no es así, No podemos llamar fe a la negación de una realidad, porque la fe no niega la realidad, nos hace saber que Dios tiene el control y que sabemos que nuestra realidad puede cambiar.

LA CONFESIÓN SANA

"Confesaos vuestras ofensas unos a otros, y orad unos por otros, para que seáis sanados." La palabra griega para "sanados" es ἰάομαι (iaomai – Strong G2390), la misma que se conecta con el oficio del "iatros" (médico). En el Reino, la confesión es medicina. No es solo confesar pecados, sino también cargas, heridas, traumas, dolores.

La mujer de flujo de sangre había gastado todo en médicos sin mejora. Doce años de vergüenza, dolor físico y aislamiento social. La Ley la declaraba impura (Levítico 15:25-27) la cultura la rechazaba, pero su fe la movió. Cuando tocó el manto de Jesús, fue sana. Pero Jesús no la dejó ir en silencio. Él la expuso públicamente. Ella se había quitado la máscara del "no me importa fingir que todo está bien", aunque por mucho tiempo había sido tildada y rechazada como inmunda y Jesús al verla ahora, certifica frente a todos su limpieza, para que su condición de sana no quedara en secreto, sino frente a todos dar fe de su condición actual.

> *"Cuando tu necesidad sea más fuerte que tu orgullo podrás acceder a recibir el milagro que tanto necesitas."*

¿Por qué? Porque la sanidad completa no viene solo del toque, sino también de la exposición. Jesús la obligó a quitarse la máscara del anonimato. La llamó "hija" (término relacional) y la restauró social y espiritualmente. El toque sana, pero la confesión libera.

¿A quién le cuentas tu dolor? Hoy muchos prefieren callar antes que ser vulnerables. Temen ser juzgados, malinterpretados o avergonzados. Pero la verdadera iglesia no es un teatro donde usamos la máscara del domingo, la máscara de que todo está bien es un hospital. Si la iglesia no puede ser un lugar seguro para exponerse, entonces no estamos reflejando el carácter del médico.

Es interesante cómo la misma Palabra usada para cubrir el rostro es la usada para crear ídolos ¿Será que cuando nos ponemos máscaras, construimos ídolos de nosotros mismos? La raíz es nasakh (נָסַךְ), que significa "verter", "moldear". Tiene connotaciones de fabricar una imagen falsa. Será que fabricamos una imagen y llegamos a cuidar más esa imagen que la verdadera esencia de lo que somos.

En griego, aunque no hay una palabra específica para "máscara" en el NT, el término ὑπόκρισις (hypokrisis – Strong G5272) se refiere a hipocresía y viene del mundo teatral, donde los actores usaban máscaras. Es decir, el hipócrita es el que oculta su verdadera identidad detrás de una actuación religiosa.

Es por eso que hoy en pleno siglo XXI nos exponemos a la imagen perfecta detrás de un púlpito y no en la imagen de hombres frágiles que dependen de la gracia y el favor de Dios en todo tiempo.

LA HERIDA QUE SE PUDRE

Toda herida que no se sana, se infecta. Y todo dolor que no se trata, se transforma en amargura, depresión, ansiedad o incluso agresión. El alma que calla termina gritando desde otro lugar: el cuerpo, las decisiones, las relaciones… Pero hay una esperanza: Jesús no vino a condenar al que sangra, sino a vendarlo. No vino a rechazar al que sufre, sino a sanarlo. Pero Él no sana máscaras. Él solo sana personas que se atreven a quitársela.

Cuántos líderes son atacados porque el enemigo sabe que usaran la máscara de -todo está bien y escuchan las frases en sus mentes que fortalecen su condición y los mantiene con el dolor oculto de: no cargues a los pastores, no les digas; peor si este líder conoce que la iglesia está bajo ataque (cosa que pasa en toda iglesia que causa estragos a las tinieblas). Confundir la madurez con dolor -tú eres maduro, aprende tú solo a manejar tu problema, si dices algo te verán como débil. Precisamente eso es vivir con máscaras.

La distancia es un síntoma que muestra las heridas a pesar de tener máscaras. Marcar distancias para evadir temas, evitar miradas, cambiar los temas de conversación poque resultan incómodos, son algunos de los síntomas de las heridas. ¡CUIDADO! tu herida no es enemiga de tu apariencia, es enemiga de tu condición y pone en riesgo tu posición. Usar máscaras prologará que ocupes un lugar o sostengas una imagen, pero a largo plazo te hará perder lo que no lograste sostener usando las máscaras. Necesitas un cambio radical, no uno superficial.

"Que no confronten tu condición, no significa que no es importas, están dándote la posibilidad de quitarte tus máscaras abriendo tu corazón para sanar."

La máscara que usaba Judas lograba engañar a los discípulos, pero no al maestro. Quizás te sientes cómodo porque crees que está funcionando lo que haces, mas te puedo asegurar que los que tienen revelación, discernimiento, te conocen y te aman, notarán que las cosas no están bien y aunque no forzarán una confesión te dejarán saber que puedes contar con ellos. Recuerda, una intervención quirúrgica dura muy poco, pero la recuperación es bien larga. Te toca a ti cuidar que lo hecho por el médico funcione bien. En lo espiritual es igual salir de una oficina, de una ministración, del altar rápido, pero los cuidados posteriores para tu recuperación total, te corresponden a ti. Desarrolla la responsabilidad espiritual de cuidar tu condición por encima de todo.

PARTE 3

EL DOLOR DE UN MINISTRO

El ministerio no es para los débiles de corazón. Desde tiempos antiguos los hombres y mujeres que respondieron al llamado de Dios sufrieron por la causa del Evangelio. La Escritura nos muestra que cada siervo fiel ha pagado un precio, a veces con su propia vida, por obedecer a Dios.

El apóstol Pablo es uno de los mayores ejemplos de este sufrimiento. Su vida es una evidencia de que servir a Dios implica padecer, pero también una prueba de que la gracia del Señor es suficiente, que cuando decides seguir a Dios el dolor no será jamás un impedimento.

> *"En trabajos, más abundante; en azotes, sin número; en cárceles, más; en peligros de muerte, muchas veces. De los judíos cinco veces he recibido cuarenta azotes menos uno. Tres veces he sido golpeado con varas; una vez apedreado; tres veces he padecido naufragio; una noche y un día he estado como náufrago en alta mar; en caminos, muchas veces; en peligros de ríos, peligros de ladrones, peligros de los de mi nación, peligros de los gentiles, peligros en la ciudad, peligros en el desierto, peligros en el mar, peligros entre falsos hermanos; en trabajo y fatiga, en muchos desvelos, en hambre y sed, en muchos ayunos, en frío y en desnudez."*
>
> 2 CORINTIOS 11:23-28

Saulo era el quien infligía dolor, quien sentenciaba, quien tenía la fama de perseguir y terminar con los cristianos. Tiene un encuentro con Jesús y este cambia su vida, también cambió la historia. Ahora era él quien sufría de disimiles maneras y en reiteradas ocasiones. Hoy leemos todo lo que escribió bajo la inspiración del Espíritu Santo y nos sentimos impresionados, el hombre con la autoridad para reprender y echar fuera demonios, resucitar muertos, predicar a toda voz.

Pablo no solo predicó la Palabra, sino que la vivió en carne propia. Su ministerio estuvo marcado por el rechazo, la persecución y la injusticia. Sin embargo, nunca desistió. Su fe inquebrantable lo llevó a declarar:

"Porque para mí el vivir es Cristo, y el morir es ganancia."

FILIPENSES 1:21

¿Cuántos de nosotros podríamos hacer tal afirmación en medio del dolor y la persecución? Llamar a la Escuela del Dolor ganancia, ganar experiencias, estatura, autoridad, peso.

LOS DISCÍPULOS Y EL COSTO MINISTERIAL

El dolor del ministerio no terminó con Pablo. Cada uno de los discípulos de Jesús sufrió de diferentes maneras por predicar el Evangelio. La mayoría murió de forma violenta, siendo testigos fieles hasta el final.

EL QUE CAMINÓ SOBRE LAS AGUAS

Fue crucificado cabeza abajo en Roma porque no se consideraba digno de morir como su Maestro.

El martirio del apóstol Pedro es uno de los eventos más impactantes en la historia del cristianismo primitivo. Su muerte, según la tradición, ocurrió en Roma bajo el gobierno del emperador Nerón cuando fuera crucificado cabeza abajo. Su decisión de ser crucificado de esta manera no fue una exigencia de sus verdugos, sino una petición personal: "No soy digno de morir como mi Maestro". Esta frase encapsula la profunda humildad y entrega del apóstol, y a la vez, el costo que él estaba dispuesto a pagar por el ministerio.

La crucifixión era el método de ejecución más cruel en el Imperio Romano. Diseñada para maximizar el sufrimiento, provocaba un dolor insoportable y una muerte lenta. Cuando Pedro fue clavado en la cruz cabeza abajo, experimentó un tormento aun más extremo que la crucifixión común. La presión extrema en la cabeza: la inversión del cuerpo hacía que la sangre se acumulara en el cráneo, provocara una presión insoportable en los ojos, oídos y cerebro.

La dificultad para respirar a diferencia de una crucifixión convencional donde la causa de la muerte era la asfixia progresiva, dicha posición invertida generaba un colapso circulatorio más rápido. La desorientación y sufrimiento mental producido por el flujo sanguíneo inadecuado y la pérdida de oxígeno causaban una agonía mental extrema, acompañada de vértigo y desorientación, dolor en las articulaciones, los brazos y piernas clavados soportaban el peso de una manera anormal, lo que provocaba un desgarro aun más violento de los músculos y tendones. A diferencia de Cristo, Pedro no fue azotado antes de su ejecución, pero su sufrimiento fue brutal, tanto en lo físico como en lo espiritual.

El sufrimiento de Pedro no comenzó con su martirio. Desde que Jesús lo llamó a ser pescador de hombres (Mateo 4:19) su vida estuvo marcada por persecuciones, *encarcelamientos y pruebas.*

> *En verdad, en verdad te digo: cuando eras más joven te vestías y andabas por donde querías; pero cuando seas viejo extenderás las manos y otro te vestirá, y te llevará adonde no quieras.*
> JUAN 21:18

> *Esto dijo, dando a entender la clase de muerte con que Pedro glorificaría a Dios. Y habiendo dicho esto, le dijo*: Sígueme.*
> JUAN 21:19

Esta profecía no solo anticipaba su martirio, sino que resaltaba que su ministerio le costaría su propia vida. Pedro, quien una vez negó a Cristo tres veces, ahora estaba listo para morir por Él. El testimonio del Apóstol Pedro, su historia, nos recuerda que servir a Cristo no es un camino de comodidad, sino un llamado a la entrega total, incluso hasta la muerte; que muchas veces la gente te recordará por negarlo y no por morir por Él; pero que vale la pena porque las recompensas vienen de Él.

Pedro representa a todos los siervos de Dios que han sufrido por el Evangelio. Su vida y su muerte son una advertencia y un ejemplo para todos aquellos que se entregan al ministerio.

¿Estás dispuesto a pagar el precio?

Pedro murió con la cabeza hacia abajo, pero su espíritu estaba firme en Cristo. Su martirio nos deja preguntas importantes:

¿Estamos dispuestos a sufrir por el Evangelio, aunque implique persecución y dolor?

¿Consideramos el sufrimiento como una parte inevitable del ministerio o buscamos solo la comodidad?

¿Estamos preparados para seguir a Cristo sin reservas como lo hizo Pedro? El precio del ministerio no es pequeño, pero la recompensa es eterna. Pedro lo entendió y lo vivió hasta el final. Su muerte no fue una tragedia, sino una victoria: una prueba de que el verdadero discípulo sigue a Cristo sin importar el costo.

JUAN

El amado del Señor fue desterrado a la isla de Patmos después de ser hervido en aceite, según la tradición.

El dolor y el sufrimiento han sido parte de la vida de quienes han seguido a Dios con fidelidad. Desde los tiempos de los apóstoles, aquellos que caminaron con Jesús enfrentaron pruebas, persecución y dificultades inimaginables. Sin embargo, en cada una de sus aflicciones, Dios tenía un propósito mayor: formar su carácter, fortalecer su fe y extender su gloria a través de sus vidas.

Juan, el discípulo amado, enfrentó la soledad del exilio en la isla de Patmos después de ser hervido en aceite, según la tradición. Sus enemigos intentaron destruirlo, pero Dios lo preservó con vida. En ese aislamiento, en lugar de rendirse al dolor y la desesperación, Juan recibió la mayor revelación de los tiempos: el Apocalipsis. Esto nos enseña que el sufrimiento no es el fin, sino la antesala de algo mayor. Dios usó su dolor como una herramienta para traer un mensaje eterno de esperanza y victoria. Lo que parecía una sentencia de muerte fue, en realidad, el escenario donde Dios mostró su grandeza.

> *"El sufrimiento es una cátedra de la vida donde Dios nos enseña lecciones que no podríamos aprender de otra manera."*

Juan pasó por un proceso en el que su fe fue probada y su espíritu fue afinado para recibir revelaciones divinas. El dolor es un maestro que nos obliga a mirar más allá de lo terrenal y a enfocarnos en la eternidad. No es un castigo, sino una preparación para algo mayor. La prueba de Juan en Patmos nos muestra que muchas veces, la aparente derrota es solo el comienzo de una gran victoria en el propósito de Dios.

El sufrimiento de los apóstoles nos recuerda que el dolor no es una señal de abandono, sino una oportunidad para confiar más en Dios. No hay prueba que no tenga un propósito ni herida que Él no pueda sanar. Cuando atravesamos tiempos difíciles debemos recordar que Dios está obrando en nuestro interior y formando en nosotros un carácter que refleje su amor y su poder.

Cada lágrima derramada, cada herida vivida y cada prueba enfrentada pueden ser usadas por Dios para manifestar su gloria. La sanidad no siempre significa ausencia de dolor, sino la certeza de que en medio de Él, Dios nos sostiene, nos transforma y nos usa para su propósito eterno. Así como los apóstoles caminaron con Jesús en medio del sufrimiento, nosotros también podemos confiar en que Él camina con nosotros y nos dará la victoria sobre todo dolor.

SANTIAGO

Herodes Agripa I, nieto de Herodes el Grande, se presenta como un enemigo declarado de los cristianos. Su persecución no fue solo un acto de crueldad arbitraria, sino una estrategia política. Al ver que los judíos religiosos de la época estaban complacidos con la represión del movimiento cristiano, decidió aumentar su violencia contra la iglesia para ganar favor y consolidar su poder.

Uno de sus primeros actos de agresión fue la ejecución de Santiago, el hermano de Juan, quien fue decapitado. Pero Herodes no se detuvo ahí; también mandó arrestar a Pedro con la intención de ejecutarlo después de la Pascua. Sin embargo, Dios intervino milagrosamente, envió un ángel para liberar a Pedro de la prisión y se frustraron los planes del rey.

La historia de Herodes nos muestra cómo el poder humano, aunque parezca dominante, nunca puede frustrar el plan de Dios. Aunque permitió que Santiago fuera mártir, Dios mostró su soberanía al rescatar a Pedro y dejó claro que el sufrimiento de los creyentes no está fuera de su control. Finalmente, Herodes encontró su propia destrucción cuando, en un acto de arrogancia al aceptar la adoración del pueblo como si fuera un dios, fue herido por un ángel y murió de una enfermedad terrible (Hechos 12:23).

Este relato nos recuerda que la persecución y el dolor no son señales de derrota para los creyentes, sino herramientas en las manos de Dios para cumplir su propósito. Mientras que Herodes buscó eliminar la fe cristiana, su propio final marcó la victoria del Evangelio, que continuó expandiéndose con más fuerza.

Por aquel tiempo el rey Herodes echó mano a algunos que pertenecían a la iglesia para maltratarlos.
HECHOS 12:1

E hizo matar a espada a Jacobo, el hermano de Juan.
HECHOS 12:2

Su muerte no fue un accidente ni una derrota. Fue la culminación de una vida entregada a la causa de Cristo. En la Escuela del Dolor, entendemos que algunos son llamados a testificar con su vida y otros con su muerte. La espada de Herodes no apagó la luz de Santiago; al contrario, su sacrificio encendió aun más el fuego del Evangelio. Dios no lo abandonó en su sufrimiento, sino que lo recibió en gloria para mostrarnos que, aunque el cuerpo pueda ser destruido, el alma permanece firme en las manos del Señor. Su historia nos enseña que hay dolores que no vienen para destruirnos, sino para glorificar a Dios a través de nuestro testimonio de fidelidad hasta el final.

Cada lágrima derramada, cada herida vivida y cada prueba enfrentada pueden ser usadas por Dios para manifestar su gloria. La sanidad no siempre significa ausencia de dolor, sino la certeza de que, en medio de Él, Dios nos sostiene, nos transforma y nos usa para su propósito eterno. Así como los apóstoles caminaron con Jesús en medio del sufrimiento, nosotros también podemos confiar en que Él camina con nosotros para darnos la victoria sobre todo dolor.

Andrés murió crucificado en forma de equis en Grecia.

Bartolomé fue desollado vivo y decapitado.

Tomás murió atravesado por lanzas en la India.

Estos hombres caminaron con Jesús, fueron testigos de su gloria y poder y aun así enfrentaron el dolor más grande por amor a la obra de Dios. Pero ninguno de ellos renunció a su fe. ¿Por qué? Porque sabían que su recompensa no estaba en la tierra, sino en la eternidad.

Muchas han sido las mujeres que también han jugado un papel crucial en la obra de Dios y han enfrentado dolor y rechazo. Desde el Antiguo Testamento podemos darnos cuenta de que:

María Magdalena fue una seguidora fiel de Cristo, testigo de la resurrección, pero fue desacreditada por la sociedad de su tiempo.

Lidia, una mujer de negocios, abrió su hogar para la iglesia naciente en Filipos y sin duda enfrentó oposición.

Priscila, junto con su esposo Aquila, fue una maestra de la Palabra en tiempos de persecución.

Débora, en el Antiguo Testamento, lideró a Israel en una época donde las mujeres no eran reconocidas en posiciones de autoridad.

El ministerio ha sido difícil para las mujeres a lo largo de la historia. Muchas han servido en el anonimato, han sido despreciadas, han visto su esfuerzo minimizado. Sin embargo, Dios ha usado a mujeres valientes para hacer avanzar Su Reino.

Ahora pregunto ¿será el dolor o el sufrimiento un arma lo suficientemente poderosa como para detenernos en el servicio a Dios o entregarnos? Son miles los que hoy abandonan las iglesias, los ministerios, llamados, familias, matrimonios, un instrumento, sueltan el micrófono por cosas que realmente no se comparan con lo que vivieron nuestros héroes de la fe por amor a Cristo.

LAS LÁGRIMAS DEL MINISTERIO

Cada ministro del Señor enfrenta diferentes tipos de dolor. Está el dolor físico como lo sufrió Pablo en su cuerpo, pero también está el dolor emocional y espiritual. Moisés experimentó el peso del liderazgo cuando el pueblo de Israel se rebelaba constantemente. Jeremías, conocido como el profeta llorón, sufrió una profunda angustia al ver la dureza del corazón del pueblo. Él clamó en:

> *"Ríos de agua vierten mis ojos por la destrucción de la hija de mi pueblo. Mis ojos fluyen y no cesan, porque no hay alivio."*
> LAMENTACIONES 3:48-49

Elías después de una gran victoria en el Monte Carmelo, cayó en una depresión tan profunda que deseó la muerte. En 1 Reyes 19:4, dijo: *"Basta ya, oh, Jehová, quítame la vida, pues no soy mejor que mis padres"*. Aun los más grandes siervos de Dios pasaron por momentos de desesperación. El ministerio muchas veces es solitario, y el peso de la carga puede llevar al agotamiento y a la desesperanza.

Sin embargo, en cada una de estas historias vemos una constante: **Dios nunca los abandonó.** En medio de la aflicción, Dios fortaleció a sus siervos, les recordó su llamado y les dio nuevas fuerzas para continuar. A Moisés le dio ayuda a través de Aarón y de Hur. A Elías le envió un ángel con alimento y descanso. A Jeremías le aseguró que su Palabra prevalecería. A Pablo le recordó que su gracia era suficiente.

NO SON EN VANO

Cada lágrima derramada en el ministerio tiene un propósito. Cada noche de llanto, cada traición sufrida, cada sacrificio hecho en el nombre del Señor será recompensado. Dios ve el sufrimiento de sus siervos y promete restauración y gozo.

Si hoy te encuentras en un momento de dolor recuerda que no estás solo. Dios está contigo. Su gracia es suficiente. Su poder se perfecciona en la debilidad. Y aunque el camino del ministerio es difícil, la recompensa será eterna.

Porque aunque sembramos con lágrimas, segaremos con gozo. Aunque hoy el ministerio sea un camino de sacrificio, la gloria venidera será incomparable. Y aunque el costo es alto, la recompensa eterna vale mucho más.

> *"Estamos atribulados en todo, mas no angustiados; en apuros, mas no desesperados; perseguidos, mas no desamparados; derribados, pero no destruidos; llevando en el cuerpo siempre por todas partes la muerte de Jesús, para que también la vida de Jesús se manifieste en nuestros cuerpos."*
>
> 2 CORINTIOS 4:8-10

Conozco muchos que han sufrido, padecido, pero han permanecido en pie. Aunque fuertes han sido los vientos que soplan contra su casa, han perseverado sobre la roca inconmovible. Si el Espíritu Santo te permitiera oír mi voz en lugar de leer, escúchame gritarte: - ESTÁ PROHIBIDO RENDIRSE.

PARTE 4

LA GLORIA DEL DOLOR

Todo proceso de dolor que ha sido rendido al Espíritu Santo no termina con lágrimas, sino con transformación. La Escuela del Dolor no es una cárcel, es una cuna. No es una tumba, es una sala de parto. El dolor no es el final, sino el umbral de algo hermoso. Aquí no "termina" la historia; aquí nace una versión renovada de ti.

> *"Y después de que hayáis padecido un poco de tiempo, el Dios de toda gracia… Él mismo os perfeccione, afirme, fortalezca y establezca."*
>
> 1 PEDRO 5:10

Quizás hoy aun te duela algo. Quizás todavía no lo entiendes todo. Pero el que comenzó la buena obra la perfeccionará (Filipenses 1:6). En ese perfeccionamiento no hay pérdida, sino redención. No hay castigo, sino propósito. No hay ruina, sino gloria. Y es justo allí donde los que pasaron por el quebranto con fidelidad, no se gradúan con títulos, sino con una

nueva naturaleza, con una gloria que lleva la firma del Espíritu Santo.

EL DOLOR QUE TE DEJÓ IRRECONOCIBLE

Como Jacob luego de Peniel, nunca volverás a caminar igual. Tuviste una herida, sí, pero esa herida tiene nombre: encuentro. Esa cicatriz ya no habla de tu debilidad, sino de tu victoria, de tu encuentro. Los que conocían a Jacob lo vieron apoyarse en una vara al día siguiente, aunque el día anterior no necesitaba apoyo e imagino que no faltó quién le preguntara: - ¿qué te pasó? Dando el pie forzado para la historia más hermosa que poseía ese día, un encuentro que no solo le cambió el nombre sino la vida.

Pasaste por fuego y no te quemaste, por aguas y no te ahogaste (Isaías 43:2) porque había una promesa acompañándote. Más de uno te preguntará ¿qué te pasó? y te dará el pie forzado para que como Jacob cuentes la historia de tu proceso, algo que ahora entiendes: lo que parecía haber venido a destruirte, vino a revelarte. Lo que pensabas que te quebró, en realidad te expuso al proceso divino. Ya no eres quien eras… eres una manifestación del poder de Dios.

LA CORONA DEL QUEBRANTADO

Cristo no resucitó sin heridas. Él se presentó con marcas. ¿Por qué? Porque las marcas hablan, testifican. No fueron señales de fracaso, sino de cumplimiento. Las tuyas también lo son. La gloria no se alcanza por evitar el dolor, sino por atravesarlo con los ojos puestos en el Autor. Las cicatrices de las heridas son los testimonios de lo vivido.

Job lo dijo mejor que nadie: "De oídas te había oído, mas ahora mis ojos te ven" (Job 42:5). Ese es el diploma de esta escuela: una visión clara de Dios, no un concepto, no una religión, no una doctrina… ¡Una revelación vivida!

EL LLAMADO DESPUÉS DEL DOLOR

No salimos de la Escuela del Dolor para vivir cómodamente. Salimos para consolar a otros con el consuelo con que fuimos consolados. Ya no predicamos desde la teoría, sino desde la experiencia. No ministramos desde una tarima, sino desde una historia marcada por gracia. La autoridad espiritual nace del dolor redimido y no desde el reprimido.

Lo que aprendiste no es solo para ti. Ahora portas un aceite que no vino por estudio, sino por presión. Y ese aceite tiene destino. El quebranto que viviste ahora te posiciona para liberar a otros.

En el Reino todo sufrimiento tiene fecha de caducidad, pero toda gloria es eterna. El Espíritu Santo no solo te acompaña en el proceso, también te unge para que no desperdicies ni una sola lágrima. Él convierte cada valle en un altar.

> *"Enjugará Dios toda lágrima de los ojos de ellos; y ya no habrá muerte, ni habrá más llanto, ni clamor, ni dolor; porque las primeras cosas pasaron."*
>
> APOCALIPSIS 21:4:

Ese es el destino final del alma procesada por el Reino: una eternidad sin dolor, donde ya no habrá necesidad de esta escuela... porque todo habrá sido aprendido, todo habrá sido redimido y todo habrá sido restaurado.

Hoy quiero hablarte no como escritora, sino como compañera de aula.

He llorado contigo en cada página. He recordado mis propias noches oscuras mientras escribía. He sentido a Dios cerca cada vez que leía tu historia reflejada en la mía. Este no es solo un libro... es una semilla. Y si la siembras en oración, en fe y en obediencia, dará fruto eterno. Gracias por no rendirte. Gracias por atreverte a pasar por esta escuela sin apagar tu fe. Gracias por no endurecerte. Gracias por seguir amando a pesar de todo. Estoy convencida de que quien llega hasta aquí no lo hace con fuerza humana... lo hace porque el Espíritu Santo lo ha sostenido, lo ha llamado, lo ha atraído. Y hoy, te corona.

La Escuela del Dolor no tiene muchos graduados. Pero los pocos que salen, salen irreconocibles... en el mejor sentido.

Terminaré como empecé.

> *"Volvería a vivir todo lo que sufrí, sabiendo que todo lo que Dios ha hecho en mí, ha sido construido sobre el dolor de mi pasado."*

Con todo mi corazón y con lágrimas de victoria te exhorto: ve ahora y cuenta lo que Dios ha hecho contigo.

EPÍLOGO

El alma rota puede ser la materia prima de Dios para escenario de su Gloria si usted se entrega al Alfarero. El anuncio de algo hermoso no siempre viene con trompetas, sino con silencio y dolor. Soy la voz de muchos que muestran sus heridas para testificar que no somos nada, pero que cuando tenemos en nuestra vida al Espíritu Santo, lo tenemos todo.

No pretendo saberlo todo ni que en este libro estuvieran todas las explicaciones para cada uno de los procesos y sufrimientos que has vivido porque aun tengo mucho por entender. No hay una respuesta absoluta al dolor. Cada sufrimiento es diferente. No puedo asegurar que los que escribí sean mayores al que has vivido o en los mismos escenarios, pero sí puedo asegurarte que no existió un dolor superior al dolor de DIOS.

Soy obediente al Espíritu Santo quien me guio a escribir sobre este tema y por un poco más de un año estuvo gestándose este libro en secreto para poder bendecir la vida de los que en silencio lloran aun vestidos con trajes de gala.

Intento mostrar que, aunque no encuentres el por qué o la causa de tu dolor, hay un propósito en él y que a los que le aman a Dios todas las cosas le ayudan para bien. Donde termina el llanto, comienza el gozo y la victoria.

Un tema imposible de resumir en un solo libro.

Continuará…

LISNEY DE FONT